财经类专业课程改革"十四五"规划教材

财经法规与会计职业道德习题集

主　编○潘晓丽　李雪林　陈丽佳

副主编○胡桂青　刘　阳

立信会计出版社
LIXIN ACCOUNTING PUBLISHING HOUSE

图书在版编目(CIP)数据

财经法规与会计职业道德习题集 / 潘晓丽，李雪林，
陈丽佳主编. —上海：立信会计出版社，2022.1(2023.1 重印)
　　ISBN 978-7-5429-6760-2

　　Ⅰ. ①财… Ⅱ. ①潘… ②李… ③陈… Ⅲ. ①财政法
－中国－中等专业学校－教学参考资料②经济法－中国－
中等专业学校－教学参考资料③会计人员－职业道德－中
等专业学校－教学参考资料 Ⅳ. ①D922.2②F233

　　中国版本图书馆 CIP 数据核字(2022)第 007297 号

策划编辑　　　王斯龙
责任编辑　　　王斯龙

财经法规与会计职业道德习题集

CAIJING FAGUI YU KUAIJI ZHIYE DAODE XITIJI

出版发行	立信会计出版社

地　　址	上海市中山西路 2230 号	邮政编码	200235
电　　话	(021)64411389	传　　真	(021)64411325
网　　址	www.lixinaph.com	电子邮箱	lixinaph2019@126.com
网上书店	http://lixin.jd.com		http://lxkjcbs.tmall.com
经　　销	各地新华书店		

印　　刷	浙江临安曙光印务有限公司	
开　　本	787 毫米×1092 毫米	1/16
印　　张	10.25	
字　　数	231 千字	
版　　次	2022 年 1 月第 1 版	
印　　次	2023 年 1 月第 2 次	
书　　号	ISBN 978 - 7 - 5429 - 6760 - 2/D	
定　　价	28.00 元	

如有印订差错，请与本社联系调换

前　言

　　本书围绕会计相关专业的培养目标,结合教学与考证的要求,根据最新的法律法规编写而成。本书将帮助学生了解和掌握我国会计法律制度,明确会计法律责任,提高会计职业道德修养,最终成为德才兼备的专业人才。

　　本书具有以下特点:

　　(1)总结课堂笔记。书中简要罗列了主教材的知识内容,方便学生在做题之前对所学知识进行梳理。

　　(2)注重学练结合。书中按章设置了巩固训练练习题,强化学生对主教材内容的掌握和运用,以提高教学效果。

　　(3)期末模拟考卷。书中配有期末模拟考卷,便于学生在学完主教材后进行综合测验,查缺补漏。

　　本书由潘晓丽、李雪林、陈丽佳任主编,胡桂青、刘阳任副主编,具体分工如下:刘阳编写第一章,胡桂青编写第二章,陈丽佳编写第三章,潘晓丽编写第四章,李雪林编写第五章。

　　由于编写时间紧,水平有限,书中内容难免会有疏漏之处,恳请同行专家和读者批评指正,以便我们进一步修订及完善,我们不胜感激!

目　　录

第一章 会计法律制度

学习目标

1. 了解会计法律制度的构成
2. 熟悉会计工作的行政管理
3. 了解会计工作的自律管理
4. 熟悉单位会计工作管理
5. 掌握会计核算的要求
6. 掌握单位内部监督
7. 熟悉会计工作的政府监督,突出财政部门的社会监督
8. 了解会计工作的社会监督
9. 掌握会计机构设置
10. 熟悉代理记账
11. 掌握会计岗位设置
12. 掌握会计工作人员交接
13. 了解内部控制的框架结构和内部审计的相关内容
14. 掌握会计违法行为的法律责任

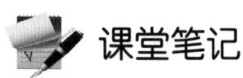

课堂笔记

第一节 会计法律制度的概念与构成

一、会计法律制度的概念

会计法律制度是指由国家权力机关和行政机关制定的,用于调整会计关系的各种法律、法规、规章和规范性文件的总称。

二、会计法律制度的构成

（一）会计法律

会计法律是指由国家最高权力机关——全国人民代表大会及其常务委员会经过一定立法程序制定的有关会计工作的法律。（《会计法》《注册会计师法》）

（二）会计行政法规

会计行政法规是指由国家最高行政机关——国务院制定并发布，或国务院有关部门拟订并经国务院批准发布，用以调整经济生活中某些方面会计关系的法律规范。（《企业财务会计报告条例》《总会计师条例》等）

💡 **注意：**

会计行政法规的制定依据是《会计法》，会计行政法规的权威性和法律效力仅次于会计法律。

（三）会计部门规章

会计部门规章是指由国家主管会计工作的行政部门即财政部以及其他相关部委，根据法律和国务院的行政法规、决定、命令，在本部门的权限范围内制定的、调整会计工作某些方面内容的、国家统一的会计准则制度和规范性文件，其效力次于《会计法》和会计行政法规。

（四）地方性会计法规

地方性会计法规是指由省、自治区、直辖市人民代表大会或其常务委员会在同宪法、会计法律、行政法规和国家统一的会计准则制度不相抵触的前提下，根据本地区情况制定并发布的关于会计核算、会计监督、会计机构和会计人员以及会计工作管理的规范性文件。

第二节　会计工作管理体制

一、会计工作的行政管理

（一）制定国家统一的会计制度

国家统一的会计制度是由国务院财政部门根据《会计法》制定并发布的，在全国范围内实施的会计工作管理方面的规范性文件。它主要包括以下四个方面的内容：

（1）会计核算制度。

（2）会计监督制度。

（3）会计机构和会计人员管理制度。

（4）会计工作管理制度。

（二）会计市场管理

会计市场管理具体包括会计市场准入管理、运行管理和退出管理。

（三）会计专业人才评价

目前，我国已经基本形成阶梯式的会计专业人才评价机制，包括初级、中级、高级会计人才评价机制，以及行业领军人才培养评价体系等。

（四）会计监督检查

财政部组织实施全国会计信息质量的检查工作，并依法对违法行为实施行政处罚；县级以上财政部门组织实施本行政区域内的会计信息质量检查工作，并依法对本行政区域单位或人员的违法行为实施行政处罚。

二、会计工作的自律管理

（1）中国注册会计师协会。

（2）中国会计学会。

（3）中国总会计师协会。

三、单位内部的会计工作管理

（一）单位负责人的职责

单位负责人对本单位的会计工作和会计资料的真实性、完整性负责；应当保证会计机构和会计人员依法履行职责，不得授意、指使、强令会计机构和会计人员违法办理会计事项。

（二）会计机构的设置

各单位应当根据会计业务的需要设置会计机构，或者在有关机构中设置会计人员并指定会计主管人员；不具备设置条件的，应当委托经批准设立从事会计代理记账业务的中介机构代理记账。

（三）会计人员的选拔任用

（1）担任单位会计机构负责人（会计主管人员）的，应当具备会计师以上专业技术职务资格，或者从事会计工作3年以上的经历。

（2）会计人员从事会计工作，应当符合下列要求：①遵守《会计法》和国家统一的会计制度等法律法规；②具备良好的职业道德；③按照国家有关规定参加继续教育；④具备从事会计工作所需要的专业能力。

（四）会计人员回避制度

国家机关、国有企业和事业单位任用会计人员应当实行回避制度：单位负责人的直系亲属不得担任本单位的会计机构负责人、会计主管人员;会计机构负责人、会计主管人员的直系亲属不得在本单位会计机构中担任出纳工作。

第三节　会　计　核　算

一、总体要求

(一)会计核算依据

各单位应当按照《会计法》和国家统一的会计制度规定建立会计账册,进行会计核算。各单位发生的各项经济业务事项应当统一进行会计核算,不得违反规定私设会计账簿进行登记、核算。(私账、小金库)

(二)对会计资料的基本要求

(1)会计资料的生成和提供必须符合国家统一的会计准则制度的规定。

(2)提供虚假的会计资料是违法行为。

(3)伪造会计凭证、会计账簿及其他会计资料,是指以虚假的经济业务或者资金往来为前提,编造不真实的会计凭证、会计账簿和其他会计资料。(以假充真)

(4)变造会计凭证、会计账簿及其他会计资料,是指用涂改、挖补等手段来更改会计凭证、会计账簿和其他会计资料的真实内容,歪曲事实真相的行为。(篡改事实)

(5)提供虚假财务会计报告,是指通过编造虚假的会计凭证、会计账簿及其他会计资料,或篡改财务会计报告上的真实数据,使财务会计报告不真实、不完整地反映财务状况和经营成果,借以误导和欺骗会计资料使用者的行为。(以假乱真)

二、会计核算的其他要求

(一)会计年度

会计年度自每年的公历1月1日起至12月31日止。

(二)记账本位币

会计核算以人民币为记账本位币。业务收支以人民币以外的货币为主的单位,可以选定其中一种货币作为记账本位币,但是编报的财务会计报告应当折算为人民币。

(三)会计记录文字

会计记录的文字应当使用中文。在民族自治地方,会计记录可以同时使用当地通用的一种民族文字。在中华人民共和国境内的外商投资企业、外国企业和其他外国组织的会计记录可以同时使用一种外国文字。

三、会计凭证

（1）原始凭证是在经济业务事项发生时，由经办人员直接取得或填制用于表明某项经济业务事项已经发生或完成情况、明确有关经济责任的一种原始凭据。它是会计核算的原始依据。

（2）记账凭证是对经济业务事项按其性质加以归类、确定会计分录，并据以登记会计账簿的凭证。

四、会计账簿

会计账簿是以会计凭证为依据，对全部经济业务进行全面、系统、连续、分类地记录和核算的簿记，是由一定格式、相互联系的账页所组成的。

会计账簿主要包括以下几种类型：

（1）总账。

（2）明细账。

（3）日记账。

（4）其他辅助账簿，也称备查账簿。

（一）登记会计账簿的规则

（1）必须以经过审核无误的会计凭证作为登记账簿的依据。

（2）会计账簿应当按照连续编号的页码顺序进行登记。会计账簿记录发生错误或发生隔页、缺号、跳行的，应当按照规定的方法更正，并由记账人员在更正处签名或盖章，以明确责任。

（3）禁止账外设账。（禁止私设账簿）

（4）实行会计电算化的单位也应按上述要求执行。

（二）账目核对

单位的对账工作每年至少进行一次。

（1）定期将会计账簿记录与实物、款项的实有数相互核对，以保证账实相符。（账实核对）

（2）定期将会计账簿记录与会计凭证的相关内容相互核对，以保证账证相符。（账证核对）

（3）定期将会计账簿之间的对应记录相互核对，以保证账账相符。（账账核对）

（4）定期将会计账簿记录与会计报表的相关内容相互核对，以保证账表相符。（账表核对）

（三）结账

（1）各单位应当按照规定定期结账，不得提前或者延迟。

（2）年度结账日为公历年度的每年 12 月 31 日。

（3）半年度、季度和月度结账日分别为公历年度每半年、每季度、每月的最后一天。

五、财务会计报告

财务会计报告，也称财务报告，是指单位对外提供的、反映单位某一特定日期财务状况和某一会计期间经营成果、现金流量等会计信息的文件。

企业财务会计报告包括会计报表、会计报表附注和财务情况说明书。

会计报表应当包括资产负债表、利润表、现金流量表、所有者权益及相关附表。

企业财务会计报告按编制时间分为年度、半年度、季度和月度财务会计报告。季度、月度财务会计报告通常仅指会计报表，会计报表至少应当包括资产负债表和利润表，小企业编制的会计报表可以不包括现金流量表。

六、会计档案管理

（一）会计档案的内容

会计档案是指单位在进行会计核算等过程中接收或形成的，用以记录和反映经济业务事项的，具有保存价值的文字、图表等各种形式的会计资料。（会计凭证、会计账簿、财务报告及其他会计核算的专业材料）

（二）会计档案的管理部门

县级以上地方人民政府财政部门和档案行政管理部门管理本行政区域内的会计档案工作。

（三）会计档案的归档

单位的会计机构或会计人员所属机构（统称单位会计管理机构）按照归档范围和归档要求，负责定期将应当归档的会计资料整理立卷，编制会计档案保管清册。

（四）会计档案的移交

当年形成的会计档案，在会计年度终了后，可由单位会计管理机构临时保管1年，再移交单位档案管理机构保管。因工作需要确需推迟移交的，应当经单位档案管理机构同意。

💡 **注意：**

单位会计管理机构临时保管会计档案最长不超过3年。出纳人员不得兼管会计档案。

电子会计档案应当与其元数据一并移交，特殊格式的电子会计档案应当与其读取平台一并移交。

（五）会计档案的查阅、复制和借出

单位保存的会计档案一般不得对外借出。确因工作需要且根据国家有关规定必须借出的，应严格按照规定办理相关手续。

（六）会计档案保管的期限

会计档案保管期限分为永久和定期两类。企业和其他组织的年度财务报告、会计档案保管清册、会计档案销毁清册和会计档案鉴定意见书等应永久保存。定期保管期限一般分为 10 年和 30 年。会计档案保管期限从会计年度终了后第一天算起。

（七）会计档案的销毁

保管期满的会计档案，除特殊规定外，可以按照程序予以销毁。

💡 **注意：**

保管期满但未结清的债权债务会计凭证和涉及其他未了事项的会计凭证不得销毁，纸质会计档案应当单独抽出立卷，电子会计档案单独转存，保管到未了事项完结时为止。

第四节　会计监督

一、单位内部会计监督

单位内部会计监督是指会计机构、会计人员依照法律的规定，通过会计手段对经济活动的合法性、合理性和有效性进行的一种监督。

（1）企业内部控制的控制措施：①不相容职务分离控制；②授权审批控制；③会计系统控制；④财产保护控制；⑤预算控制；⑥运营分析控制；⑦绩效考评控制。

（2）行政事业单位内部控制的控制方法：①不相容岗位相互分离；②内部授权审批控制；③归口管理；④预算控制；⑤财产保护控制；⑥会计控制；⑦单据控制；⑧信息内部公开。

（3）内部审计。内部审计是指单位内部的一种独立客观的监督和评价活动，它通过单位内部独立的审计机构和审计人员审查和评价本部门、本单位财务收支和其他经营活动，以及内部控制的适当性、合法性和有效性来促进单位目标的实现。

二、会计工作的政府监督

县级以上地方各级人民政府财政部门是会计工作的政府监督主体，对本行政区域内各单位的会计工作行使监督权，并依法对违法会计行为实施行政处罚。

此外，审计、税务、中国人民银行、证券监管、保险监管等部门应当依照有关法律、行政法规规定的职责，对有关单位的会计资料实施监督检查。

财政部门可以依法对各单位的下列情况实施监督：

（1）是否依法设置会计账簿。

（2）会计凭证、会计账簿、财务会计报告和其他会计资料是否真实、完整。

（3）会计核算是否符合《会计法》和国家统一的会计制度的规定。

（4）从事会计工作的人员是否具备专业能力、遵守职业道德。

三、会计工作的社会监督

会计工作的社会监督主要是指由注册会计师及其所在的会计师事务所依法对委托单位的经济活动进行的审计、鉴证的一种监督制度。

注册会计师审计与内部审计之间的联系有：

（1）两者都是我国现代审计体系的重要组成部分。

（2）两者都关注内部控制的健全性和有效性。

（3）注册会计师审计可能涉及对内部审计成果的利用等。

注册会计师审计与内部审计之间的区别有：

（1）审计独立性不同。

（2）审计方式不同。

（3）审计的职责和作用不同。

（4）接受审计的自愿程度不同。

注册会计师依法承办如下两方面的业务：

（1）审计业务。

（2）会计咨询、服务业务。

第五节　会计机构与会计人员

一、会计机构的设置

（一）单独设置会计机构

单独设置会计机构，是指单位依法设置独立负责会计事务的内部机构，负责会计核算工作，实行会计监督，拟定本单位办理会计事务的具体办法，参与拟订经济计划、业务计划，考核与分析预算、财务计划的实行情况，办理其他会计事务等。

（二）有关机构中配置专职会计人员

不设置会计机构的，应在有关机关中设置会计人员并指定会计主管人员，会计主管人员是负责组织管理会计事务、行使会计机构负责人职权的负责人。

（三）实行代理记账

对于不具备设置会计机构和会计人员条件的单位，应当委托经批准设立从事会计代理记账业务的中介机构代理记账。

💡 **注意：**

代理记账机构应当符合下列设立条件：

（1）为依法设立的企业。

（2）专职从业人员不少于3名。

（3）主管代理记账业务的负责人具有会计师以上专业技术职务资格或者从事会计工作不少于3年，且为专职从业人员。

（4）有健全的代理记账业务内部规范。

二、会计工作岗位设置

（一）会计工作岗位设置的要求

（1）按需设岗。

（2）符合内部牵制制度的要求。

（3）建立岗位责任制。

（4）建立轮岗制度。

（二）主要会计工作岗位

企业的会计工作岗位一般分为：

（1）总会计师（或行使总会计师职权）岗位。

（2）会计机构负责人（会计主管人员）岗位。

（3）出纳岗位。

（4）稽核岗位。

（5）资本、基金核算岗位。

（6）收入、支出、债权债务核算岗位。

（7）职工薪酬、成本费用、财务成果核算岗位。

（8）财产物资的收发、增减核算岗位。

（9）总账岗位。

（10）对外财务会计报告编制岗位。

（11）会计机构内档案管理。

（12）其他岗位。

（三）总会计师

总会计师是组织领导本单位的财务管理、成本管理、预算管理、会计核算和会计监督等方面的工作，参与本单位重要经济问题分析和决策的单位行政领导人员。总会计师协助单位主要行政领导人员工作，直接对单位主要行政领导人负责。

国有的和国有资产占控股地位或者主导地位的大、中型企业必须设置总会计师。

总会计师必须具备下列条件：

（1）坚持社会主义方向，积极为社会主义建设和改革开放服务。

（2）坚持原则，廉洁奉公。

（3）取得会计师任职资格后，主管一个单位或者单位内一个重要方面的财务会计工作时间不少于3年。

（4）有较高的理论政策水平，熟悉国家财经法律、法规、方针、政策和制度，掌握现代化管理的有关知识。

（5）具备本行业的基本业务知识，熟悉行业情况，有较强的组织领导能力。

（6）身体健康，能胜任本职工作。

三、会计工作交接

（一）交接的范围和责任

（1）会计人员工作调动或者因故离职，必须将本人所经管的会计工作全部移交给接替人员。移交人员对所移交的会计凭证、会计账簿、会计报表和其他有关资料的合法性、真实性承担法律责任。接替人员应当认真接管移交工作，并继续办理移交的未了事项。没有办清交接手续的，不得调动或者离职。如事后发现仍应由原移交人员承担法律责任，原移交人员不应以会计资料已移交而推脱责任。

（2）移交人员因病或者其他特殊原因不能亲自办理移交的，经单位领导人批准，可由移交人员委托他人代办移交，但委托人应当承担对所移交的会计凭证、会计账簿、会计报表和其他有关资料的合法性、真实性的法律责任。

（二）交接程序

（1）会计人员办理交接手续，必须由监交人负责监交。一般会计人员办理交接手续，由会计机构负责人（会计主管人员）监交。

（2）会计机构负责人（会计主管人员）办理交接手续，由单位负责人监交，必要时主管单位可以派人会同监交。

四、会计专业技术资格与职务

（一）会计专业技术资格

会计专业技术资格分为初级资格、中级资格和高级资格三个级别。初级、中级会计资格的取得实行全国统一考试制度；高级会计师资格实行考试与评审相结合制度。

1. 会计专业技术资格证书的管理

通过会计专业技术资格考试合格者，省级人事部门颁发由人事部、财政部统一印制的会计专业技术资格证书，该证书在全国范围内有效。对伪造学历、资历证明，或者在考试期间有违纪行为的,由会计专业技术资格管理机构吊销会计专业技术资格,由发证机关收回会计专业技术资格证书,2年内不得再参加会计专业技术资格考试。

2. 会计专业技术资格考试报名条件

报名参加会计专业技术资格考试的人员,应具备下列基本条件:

(1)坚持原则,具备良好的职业道德品质。

(2)认真执行《会计法》和国家统一的会计制度,以及有关财经法律、法规、规章制度,无严重违反财经纪律的行为。

(3)履行岗位职责,热爱本职工作。

报名参加会计专业技术初级资格考试的人员,除具备基本条件外,还必须具备教育部门认可的高中毕业以上学历。报名参加会计专业技术中级资格考试的人员,除具备基本条件外,还必须具备下列条件之一:

(1)取得大学专科学历,从事会计工作满5年。

(2)取得大学本科学历,从事会计工作满4年。

(3)取得双学士学位或研究生班毕业,从事会计工作满2年。

(4)取得硕士学位,从事会计工作满1年。

(5)取得博士学位。

(二)会计专业职务

1. 初级、中级任职资格

(1)取得初级会计资格的人员,如果取得硕士学位,或取得第二学士学位或研究生班结业证书,具备履行助理会计师职责的能力。大学本科毕业,在财务会计工作岗位上见习1年期满。大学专科毕业并担任会计员职务2年以上;或中等专业学校毕业并担任会计员职务4年以上,或不具备规定学历的,担任会计员职务满5年并符合国家有关规定的,可聘任助理会计师职务。

(2)取得中级会计资格并符合国家有关规定的会计人员,可聘任会计师职务。

2. 高级会计师的任职资格

具备担任高级会计师资格的人员,经单位聘任或任命后担任高级会计师。

第六节　法　律　责　任

一、法律责任概述

(一)行政责任

(1)行政处罚。(罚款;责令限期改正;不得从事会计工作等)

(2) 行政处分。（警告；记过；记大过；降级；撤职；开除）

（二）刑事责任

1. 刑罚

(1) 主刑。（管制；拘役；有期徒刑；无期徒刑；死刑）

(2) 附加刑。（罚金；剥夺政治权利；没收财产）

2. 非刑罚处理方法

由于犯罪行为而使被害人遭受经济损失的，对犯罪分子除刑事处罚外，判处赔偿经济损失；对于犯罪情节轻微不需要判处刑罚的，根据情况予以训诫或责令其悔过、赔礼道歉、赔偿损失，或由主管部门给予行政处罚或行政处分。

二、违反会计制度规定的法律责任

（一）违反会计制度规定应承担法律责任的行为

(1) 不依法设置会计账簿的。

(2) 私设会计账簿的。

(3) 未按照规定填制、取得原始凭证或者填制、取得的原始凭证不符合规定的。

(4) 以未经审核的会计凭证为依据登记会计账簿，或者登记会计账簿不符合规定的。

(5) 随意变更会计处理方法的。

(6) 向不同的会计资料使用者提供的财务会计报告编制依据不一致的。

(7) 未按照规定使用会计记录文字或者记账本位币的。

(8) 未按照规定保管会计资料，致使会计资料毁损、灭失的。

(9) 未按照规定建立并实施单位内部会计监督制度，或者拒绝依法实施的监督，或者不如实提供有关会计资料及有关情况的。

(10) 任用会计人员不符合《会计法》规定的。

（二）违反会计制度规定行为应承担的法律责任

(1) 责令限期改正。县级以上人民政府财政部门有权责令违法行为人限期改正，停止违法行为。

(2) 罚款。由县级以上人民政府财政部门责令限期改正，可以对单位并处 3 000 元以上 5 万元以下的罚款；对其直接负责的主管人员和其他直接责任人员，可以处 2 000 元以上 2 万元以下的罚款。

(3) 不得从事会计工作。会计人员有上述所列行为之一，情节严重的，5 年内不得从事会计工作。

(4) 给予行政处分。对上述行为直接负责的主管人员或其他直接责任人员中的国家工作人员，视情节轻重，由其所在单位或者有关单位依法给予行政处分。

(5) 上述行为构成犯罪的，依法追究刑事责任。

三、其他会计违法行为的法律责任

(一) 伪造、变造会计凭证、会计账簿,编制虚假财务会计报告的法律责任

1. 刑事责任

(1) 纳税人采取欺骗、隐瞒手段进行虚假纳税申报或不申报,逃避缴纳税款数额较大并且占应纳税额 10% 以上的,处 3 年以下有期徒刑或拘役,并处罚金;数额巨大并且占应纳税额 30% 以上的,处 3 年以上 7 年以下有期徒刑,并处罚金。

(2) 依法负有信息披露义务的公司、企业向股东和社会公众提供虚假的或隐瞒重要事实的财务会计报告,或者对依法应当披露的其他重要信息不按照规定披露,严重损害股东或其他人利益的,或者有其他重要情节的,对其直接负责的主管人员和其他直接责任人员,处 3 年以下有期徒刑或拘役,并处或单处 2 万元以上 20 万元以下罚金。

(3) 承担资产评估、验资、验证、会计、审计和法律服务等职责的中介组织的人员故意提供虚假证明文件(包括虚假的财务会计报告),情节严重的,处 5 年以下有期徒刑或拘役,并处罚金。上述人员索取他人财物或非法收受他人财物,犯提供虚假证明文件罪的,处 5 年以上 10 年以下有期徒刑或拘役,并处罚金。

2. 行政责任

不构成犯罪的,应当按照《会计法》的规定予以处罚,具体包括以下内容:

(1) 通报。由县级以上人民政府财政部门采取通报的方式对违法行为人予以批评、公告。通报决定由县级以上人民政府财政部门送达被通报人,并通过一定的媒介在一定的范围内公布。

(2) 罚款。县级以上人民政府财政部门对违法行为视情节轻重,在予以通报的同时,可以对单位并处 5 000 元以上 10 万元以下的罚款,对其直接负责的主管人员和其他直接责任人员,可以处 3 000 元以上 5 万元以下的罚款。

(3) 行政处分。对上述所列违法行为直接负责的主管人员和其他直接责任人员中的国家工作人员,应当由其所在单位或其上级单位或行政监察部门给予撤职、留用察看直至开除的行政处分。

(4) 不得从事会计工作。对上述所列违法行为中的会计人员,5 年内不得从事会计工作。

(二) 隐匿或故意销毁依法应当保存的会计凭证、会计账簿、财务会计报告的法律责任

1. 刑事责任

(1) 情节严重的,处 5 年以下有期徒刑或拘役,并处或单处 2 万元以上 20 万元以下罚金。单位犯前款罪的,对单位判处罚金,并对其直接负责的主管人员和其他责任人员,依照前款的规定处罚。

(2) 涉及不缴或少缴应纳税款的,偷税数额占应纳税额 10% 以上不满 30% 并且偷税数额在 1 万元以上不满 10 万元的,或者因偷税被税务机关给予二次行政处罚又偷税的,处 3 年以下有期徒刑或拘役,并处偷税数额 1 倍以上 5 倍以下罚金;偷税数额占应纳税额 30% 以上并且偷税数额在 10 万元以上的,处 3 年以上 7 年以下有期徒刑,并处偷税数额 1 倍以上 5 倍以下罚金。扣缴义务人采取前述手段,不缴或少缴已扣、已收税款,数额占应缴税额 10% 以上并且数额在 1 万元以上的,依照前述规定处罚。对多次从事上述违法行为,未经处理的,按照累计数额计算。

2. 行政责任

不构成犯罪的,应当根据《会计法》的规定追究行政责任:通报、罚款、行政处分、吊销资格证书。

(三) 授意、指使、强令会计机构、会计人员及其他人员伪造、变造会计凭证、会计账簿,编制虚假财务会计报告或隐匿、故意销毁依法应当保存的会计凭证、会计账簿、财务会计报告的法律责任

不构成犯罪的:

(1) 罚款。县级以上人民政府财政部门可以视违法行为的情节轻重,对违法行为人处以 5 000 元以上 5 万元以下的罚款。

(2) 行政处分。如为国家工作人员的,还应当由其所在单位或上级单位或行政监察部门给予降级、撤职、开除的行政处分。

(四) 单位负责人对依法履行职责、抵制违反《会计法》规定行为的会计人员实行打击报复的法律责任及对受打击报复的会计人员的补救措施

1. 刑事责任

对犯打击报复会计人员罪的,处 3 年以下有期徒刑或拘役。

2. 行政责任

不构成犯罪的,由其所在单位或有关单位依法给予行政处分。

3. 对受打击报复的会计人员的补救措施

(1) 恢复其名誉。

(2) 恢复原有职位、级别。

 巩固训练

一、单项选择题

1. 会计法规规定,一张原始凭证所列的支出需要由两个以上的单位共同负担的,应当由(　　)。

　　A. 第二个负担费用的单位保管该原始凭证

　　B. 保存该原始凭证的单位开具原始凭证分割单给其他应负担的单位

　　C. 两个单位推定负责人保管该原始凭证

　　D. 报销人(经手人)保管该原始凭证

2. 《企业会计制度》是由(　　　)发布的。

    A. 财政部

    B. 全国人民代表大会

    C. 国务院

    D. 全国人民代表大会常务委员会

3. 《会计法》规定的会计主管人员是指(　　　)。

    A. 会计机构负责人

    B. 会计机构中的主管会计

    C. 未设总会计师的单位分管会计工作的行政副职

    D. 总会计师

4. 下列有关会计岗位的说法中,不正确的是(　　　)。

    A. 岗位的多少由单位自行决定

    B. 贯彻内部牵制原则

    C. 只能一人一岗

    D. 定期轮换

5. 下列关于实行计算机记账的描述中,正确的是(　　　)。

    A. 因为脱离了手工账,可以不必遵守会计基础工作规范的各项要求

    B. 采用计算机记账,不用保存打印出的纸质会计档案,用硬盘保存即可

    C. 所使用的会计核算软件可根据需要改动,不必完全符合国家统一的会计制度

    D. 采用计算机记账,更需要建立内部控制制度及电算化管理制度

6. 某企业会计人员在审核一张购买的材料的原始凭证时,发现凭证上的单价和金额数字有涂改痕迹,且材料单价也明显高于市场价格。该凭证应当属于(　　　)。

    A. 不真实的原始凭证　　　　　　　　B. 不合法的原始凭证

    C. 不准确的原始凭证　　　　　　　　D. 不完整的原始凭证

7. 本行政区域的会计工作由(　　　)地方各级政府财政部门管理。

    A. 县级以上　　　　　　　　　　　　B. 地级以上

    C. 省级以上　　　　　　　　　　　　D. 乡级以上

8. 担任单位会计机构负责人(会计主管人员)的,应当具备(　　　)以上专业技术资格,或者从事会计工作 3 年以上经历。

    A. 高级会计师　　　　　　　　　　　B. 会计师

    C. 助理会计师　　　　　　　　　　　D. 会计员

9. 下列不属于单位内部会计监督制度的基本要求的是(　　　)。

    A. 重大经济事项的决策和执行应当明确

    B. 对会计资料定期进行内部审计的办法和程序应当明确

    C. 会计事项相关人员的职责权限应当明确

    D. 建立会计档案管理制度

10. 在会计信息质量要求中,强调同一企业不同时期发生的相同或相似的交易或事项,应当采用一致的会计政策,不得随意变更,这是(　　)。

    A. 重要性要求　　　　　　　　　B. 可比性要求

    C. 真实性要求　　　　　　　　　D. 谨慎性要求

11. 我国的会计行政法规由(　　)发布。

    A. 国家最高权力机关

    B. 国家最高行政机关

    C. 主管全国会计工作的行政部门

    D. 主管当地会计工作的行政部门

12. 原始凭证是经济业务事项发生时,由(　　)取得或填制的。

    A. 会计人员　　　　　　　　　　B. 经办人员

    C. 业务主管　　　　　　　　　　D. 负责人

13. 法的时间效力通常包括(　　)。

    A. 生效时间和终止时间　　　　　B. 生效时间和溯及力

    C. 终止时间和溯及力　　　　　　D. 生效时间、终止时间和溯及力

14. 下列会计主体不需要实行会计工作回避制度的是(　　)。

    A. 个体工商户、个人独资和外商独资企业

    B. 国家机关

    C. 国有企业

    D. 事业单位

15. (　　)是会计法规体系的最高法律文件。

    A.《会计法》　　　　　　　　　　B. 会计法规

    C. 国家统一的会计制度　　　　　D. 地方性法规

16. 根据《会计法》的规定,主管全国会计工作的是(　　)。

    A. 国务院财政部门　　　　　　　B. 国务院

    C. 审计署　　　　　　　　　　　D. 国家税务总局

17. 下列各项中,不属于会计档案的是(　　)。

    A. 会计移交清册　　　　　　　　B. 原始凭证

    C. 月度财务计划　　　　　　　　D. 记账凭证

18. 在我国,会计档案定期保管的,其保管期限最短的是(　　)年。

    A. 1　　　　　　B. 10　　　　　　C. 15　　　　　　D. 20

19. 内部控制(　　)。

    A. 是指一个单位内部的管理控制系统

    B. 仅指单位最高管理当局用来授权与指挥经济活动的各种方式方法

    C. 仅指核算、审核、分析各种信息资料及报告的程序和步骤

    D. 仅指对单位经济活动进行综合计划、控制和评价而制定的各项规章制度

20. 下列不属于会计岗位的是( )。

    A. 出纳岗位
    B. 总账岗位
    C. 药房收费员
    D. 会计电算化岗位

21. 随意变更会计处理方法的行为是( )。

    A. 违规行为
    B. 违反规章行为
    C. 错误行为
    D. 违法行为

22. 会计人员进行工作交接,移交人员对移交的会计资料的( )负责。

    A. 真实性、合法性
    B. 及时性
    C. 先进性
    D. 合理性

23. 账证相符是指会计账簿记录与会计凭证有关内容核对相符。下列各项中,属于账证相符的是( )。

    A. 银行存款日记账与银行对账单相符
    B. 固定资产总分类账与固定资产卡片相符
    C. 总分类账与科目汇总表核对相符
    D. 汇总记账凭证与记账凭证核对相符

24. 根据《会计法》的规定,有关部门有权代表国家行使会计监督权。下列说法中,正确的是( )。

    A. 审计部门有权对各单位的会计资料进行监督检查
    B. 税务部门有权对纳税人的会计资料进行监督检查
    C. 银行保险监管部门有权对各保险公司和投保人的会计资料进行监督检查
    D. 证券监管部门有权对所有股份有限公司的会计资料进行监督检查

25. 下列各项中,属于内部会计监督的是( )。

    A. 财政机关的监督
    B. 税务机关的监督
    C. 会计人员对于违法收支不予受理
    D. 审计机关的监督

26. 下列各项中,属于出纳不得从事的工作的是( )。

    A. 现金收付
    B. 现金日记账的登记
    C. 银行存款日记账的登记
    D. 收入、费用明细账的登记

27. 企业会计准则体系是( )。

    A. 会计行政法规
    B. 会计法律
    C. 会计部门规章
    D. 地方性会计法规

28. 《会计法》适用的行政处罚包括( )。

    A. 通报
    B. 行政拘留
    C. 责令停产停业
    D. 拘役

29. 在我国,定期保管的会计档案的保管期限最长是( )年。

　　　A. 1　　　　　　　B. 3　　　　　　　C. 5　　　　　　　D. 30

30. 根据《会计法》的规定,各单位对外报送的会计报表格式应由(　　)统一规定。

　　　A. 单位主管部门　　　　　　　　　　B. 省级财政部门

　　　C. 县级财政部门　　　　　　　　　　D. 财政部

31. 根据《会计法》的规定,担任会计机构负责人的,应当具备一定的专业技术职务资格或一定年限的会计工作经历。该资格和年限为(　　)。

　　　A. 会计师;3 年　　　　　　　　　　B. 助理会计师;2 年

　　　C. 会计师;2 年　　　　　　　　　　D. 助理会计师;3 年

32. 会计档案的保管期限从(　　)算起。

　　　A. 会计档案形成时　　　　　　　　　B. 会计档案装订时

　　　C. 会计年度终了后的第一天　　　　　D. 会计档案经审计后

33. 下列有关会计处理方法的表述中,不符合法律规定的是(　　)。

　　　A. 各单位的会计处理方法前后各期应当一致,不得随意变更

　　　B. 确有必要的,应按规定变更会计处理方法

　　　C. 会计处理方法在任何情况下都不得变更

　　　D. 变更会计处理方法时应将变更的原因、情况在财务报告中说明

34. 根据《会计法》的规定,会计工作政府监督的主体是指(　　)。

　　　A. 财政、审计、税务机关

　　　B. 注册会计师及其会计师事务所

　　　C. 本单位的会计机构和会计人员

　　　D. 本单位的内部审计机构及其人员

二、多项选择题

1. 会计档案是指记录和反映经济业务事项的重要历史资料和证据,一般包括(　　)。

　　　A. 会计凭证　　　B. 会计账簿　　　C. 会计制度　　　　D. 财务计划

2. 下列各项中,属于会计部门规章的有(　　)。

　　　A. 财政部发布的《会计基础工作规范》

　　　B. 国家税务总局发布的《个体工商户建账管理暂行办法》

　　　C. 财政部、国家档案局发布的《会计档案管理办法》

　　　D. 中国会计学会制定的《中国会计学会章程》

3. 根据《会计法》的规定,下列对会计部门规章描述中,不正确的有(　　)。

　　　A. 它是由国务院制定、发布、实施的会计制度

　　　B. 它包括企业会计制度会计人员后续教育等

　　　C. 它制定的依据是《会计法》和《企业会计准则》

　　　D. 它是由国务院财政部门制定、发布、实施的会计制度

4. 单位内部会计控制的方法有(　　)。

　　　A. 不相容职务相互分离控制　　　　　B. 预算控制

C. 财产保全控制   D. 风险控制

5. 下列各项中,属于登记账簿的基本要求的有( )。

    A. 必须依据经过审核的会计凭证登记会计账簿

    B. 各种账簿要按页次顺序连续登记,不得跳行、隔页

    C. 需要结出余额的,应当定期结出余额

    D. 登记账簿时,应当将会计凭证编号、日期、业务摘要、金额和其他相关资料逐项记入账内

6. 下列各项中,属于委托代理记账的委托人义务的有( )。

    A. 协助代理记账机构从业人员填制和审核记账凭证

    B. 提供税务资料

    C. 对本单位发生的经济业务事项,按规定取得和填制原始凭证

    D. 配备专人负责日常货币收支和保管

7. 下列各项中,属于会计核算制度的有( )。

    A.《企业会计准则——基本准则》

    B.《企业会计准则——具体准则》

    C.《会计基础工作规范》

    D.《企业会计制度》

8. 根据《会计基础工作规范》的规定,会计报表应当根据登记完整、核对无误的会计账簿记录和其他有关资料编制,做到( )。

    A. 数字真实   B. 计算准确   C. 内容完整   D. 说明清楚

9. 商业银行提供虚假的或者隐瞒重要事实的财务会计报表,并有违法所得的,应( )。

    A. 处以违法所得1倍以上5倍以下罚款

    B. 处以违法所得1倍以上3倍以下罚款

    C. 处以10万元以上50万元以下罚款

    D. 没收违法所得

10. 实行会计电算化的单位,下列资料中,应当作为会计档案进行管理的有( )。

    A. 单位的文书档案   B. 纸质账簿

    C. 电子数据   D. 会计软件

三、判断题

1. 以人民币以外的货币作为记账本位币的单位,其编报的财务会计报告以该币种反映即可,无须折算为人民币。   ( )

2. 单位按规定销毁会计档案时,应由档案部门和财务会计部门共同派员监销。

    ( )

3. 主管代理记账业务的负责人必须由具有高级会计师专业技术资格的人员来担任。

    ( )

4. 各单位对外报送的财务会计报告应当经过单位负责人、总会计师、会计机构负责人（会计主管人员）和经办会计人员签名并盖章。　　　　　　　　　　（　　）

5. 会计核算原则上应当以人民币作为记账本位币。　　　　　　　　　（　　）

6. 按照谨慎性要求，企业可以合理估计可能发生的损失和费用，因此企业可以任意提取各种准备。　　　　　　　　　　　　　　　　　　　　　　　（　　）

7. 《会计法》规定，财务会计报告应当由单位负责人、主管会计工作的负责人和会计机构负责人（会计主管人员）签名并盖章；设置总会计师的单位，还须由总会计师签名并盖章。　　　　　　　　　　　　　　　　　　　　　　　　　　（　　）

8. 内部审计是内部控制的一个组成部分，是单位内部会计机构、会计人员对会计资料进行的监督。　　　　　　　　　　　　　　　　　　　　　　　（　　）

9. 《企业会计准则》和《企业会计制度》都是由国务院发布的，它们都是会计行政法规。　　　　　　　　　　　　　　　　　　　　　　　　　　　　（　　）

10. 国务院财政部门主管全国的会计工作，县级以上地方各级政府财政部门管理本行政区域内的会计工作。　　　　　　　　　　　　　　　　　　　（　　）

11. 对于账实不符的情况，会计机构、会计人员要查明原因，对于无权自行处理的，应当及时报请会计主管人员作出处理。　　　　　　　　　　　　　（　　）

12. 单位的内部控制就是单位的会计控制。　　　　　　　　　　　　　（　　）

四、案例分析题

（一）某有限责任公司（以下简称公司）是一家中外合资经营企业，2021年度发生了以下事项：

（1）1月21日，公司接到市财政局通知，市财政局要来公司检查会计工作情况。公司董事长兼总经理林某认为，公司作为中外合资经营企业，不应受《会计法》的约束，财政部门无权来检查。

（2）3月5日，公司会计科一名档案管理人员生病临时交接工作，林某委托单位出纳员赵某临时保管会计档案。

（3）4月15日，公司从外地购买一批原材料，收到发票后，与实际支付款项进行核对时发现发票金额错误，经办人员在原始凭证上进行了更改，并加盖了自己的印章，作为报销凭证。

（4）5月2日，公司会计科科长退休，公司决定任命自参加工作以来一直从事文秘工作的办公室副主任王某为会计科科长。

（5）公司发现中期财务报告出现150万元亏损，为取得银行流动资金贷款，董事长授意王某将损益表进行调整，增加净利润200万元。王某遵照执行。

1. 根据事项（1），公司董事长兼总经理林某认为中外合资经营企业不受《会计法》约束的观点（　　）。

A. 正确

B. 不正确。根据规定，省级以上人民政府财政部门为各单位会计工作的监督检查

部门,对各单位会计工作行使监督权

C. 不正确。根据规定,市级以上人民政府财政部门为各单位会计工作的监督检查部门,对各单位会计工作行使监督权

D. 不正确。根据规定,县级以上人民政府财政部门为各单位会计工作的监督检查部门,对各单位会计工作行使监督权

2. 根据事项(2),下列表述中,正确的有(　　)。

A. 档案管理人员生病临时交接工作,可以由公司董事长林某指定有关人员接替

B. 档案管理人员生病临时交接工作,不能由公司董事长林某指定有关人员接替

C. 单位出纳员赵某可以临时保管会计档案

D. 单位出纳员赵某不能临时保管会计档案

3. 根据事项(3),下列表述中,正确的有(　　)。

A. 经办人员在原始凭证上进行了更改,并加盖了自己的印章,这一行为符合规定

B. 经办人员在原始凭证上进行了更改,并加盖了自己的印章,这一行为不符合规定

C. 经办人员在原始凭证上进行了更改,不应加盖自己的印章,而应加盖出具单位的印章

D. 原始凭证金额有错误的,应当由出具单位重开,不得在原始凭证上更正

4. 根据事项(4),下列表述中,正确的有(　　)。

A. 从事文秘工作的办公室副主任王某不能担任会计科科长

B. 从事文秘工作的办公室副主任王某可以担任会计科科长

C. 担任单位会计机构负责人(会计主管人员),应当具备会计师以上专业技术职务资格或从事会计工作3年以上经历

D. 担任单位会计机构负责人(会计主管人员),应当具备会计师以上专业技术职务资格或从事会计工作5年以上经历

5. 根据事项(5),该公司及其相关人员可能受到的处罚有(　　)。

A. 对公司处以5万元罚款

B. 对公司董事长处以5 000元罚款

C. 对该公司违法行为进行通报

D. 对王某处以3 000元罚款

(二)2021年1月,某国有企业的会计工作发生下列经济事项:

(1)厂长赵某将朋友的女儿张某调入该厂会计科担任出纳,兼管稽核、会计档案保管工作。张某无任何工作经验。

(2)任命王某为会计机构负责人,王某无任何工作经历。

(3)该厂档案科准备按规定程序销毁会计清册,会计档案中有一些是保管期满但未结清的债权债务原始凭证。

(4)企业负责人召集本单位的会计工作人员,对上年度的财务支出流水账、凭证等会计资料进行审核,确认无误后,将余额转到新账簿上,并指使将审核过的会计资料予

以销毁。

1. 张某调入该厂会计科任出纳事项中,违反《会计法》规定的有(　　)。

A. 张某无工作经验就从事会计工作

B. 张某担任出纳,兼管稽核工作

C. 张某是厂长赵某的朋友的女儿,在该厂担任出纳

D. 张某担任出纳,兼管会计档案保管工作

2. 该厂在销毁会计档案时,下列表述中,正确的有(　　)。

A. 销毁会计档案时,应报单位负责人批准

B. 销毁会计档案时,应报会计主管批准

C. 会计档案中保管期满但未结清的债权债务原始凭证不得销毁

D. 会计档案中保管期满但未结清的债权债务原始凭证可销毁

3. 任命王某担任会计机构负责人,根据《会计法》的规定,王某(　　)。

A. 还应当具备注册会计师资格

B. 还应当具备从事会计工作 3 年以上经历

C. 还应当具备会计师以上专业技术职务资格

D. 还应当具备从事会计工作 5 年以上经历

4. 关于企业销毁会计资料的行为,下列说法中,正确的有(　　)。

A. 销毁行为是为了企业的利益,故不构成犯罪

B. 会计资料已审核,且确认无误,故销毁和保留都无所谓

C. 违反了《会计法》的有关规定

D. 违反了《会计档案管理办法》的有关规定

5. 构成故意销毁会计凭证、会计账簿、财务会计报告罪,情节严重的,处罚为(　　)。

A. 对企业负责人处 5 年以下有期徒刑或拘役

B. 对企业负责人处 3 年以下有期徒刑或拘役

C. 对企业负责人处 2 万元以上 20 万元以下的罚金

D. 对企业负责人处 5 万元以上 50 万元以下的罚金

第二章 结算法律制度

学习目标

1. 了解支付结算的概念、原则
2. 掌握办理支付结算的基本要求
3. 掌握现金的使用范围和现金管理的基本要求
4. 掌握银行结算账户的种类、概念、使用范围和开户要求
5. 熟悉银行结算账户的开立、变更和撤销
6. 了解违反银行账户管理法律制度的法律责任
7. 掌握票据的概念、种类、当事人、票据行为、票据权利、票据的记载事项、票据签章和挂失止付与补救措施的有关内容
8. 掌握支票、本票、汇票、银行卡、汇兑、委托收款、网上支付和了解托收承付、国内信用证等结算方式的规定
9. 了解银行卡的分类、计息、收费、申领、注销和挂失
10. 熟悉银行卡账户与交易、资金来源
11. 了解网上银行的概念、分类与功能

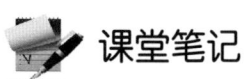

课堂笔记

第一节 现 金 结 算

一、现金结算的概念与特点

现金结算是指在商品交易、劳务供应等经济往来中,直接使用现金进行应收应付款结算的一种行为。和转账结算相比,现金结算具有如下特点:

(1) 直接便利。

（2）不安全性。

（3）不易宏观控制。

（4）费用较高。

二、现金结算的范围

开户单位可以在下列范围内使用现金：

（1）职工工资、津贴。（职工也是个人）

（2）个人劳务报酬。

（3）根据国家规定办法给个人的科学技术、文化艺术和体育等各项奖金。

（4）各种劳保、福利费用及国家规定的对个人的其他支出。

（5）向个人收购农副产品和其他物资的价款。

（6）出差人员必须随身携带的差旅费。（出差人员也是个人）

（7）结算起点 1 000 元以下的零星支出。

（8）中国人民银行确定需要支付现金的其他支出。

三、现金使用的限额

现金使用的限额,是指为了保证开户单位日常零星开支的需要,允许单位留存现金的最高数额。库存现金限额由开户单位提出计划,报开户银行审批,经核定的库存现金限额,开户单位必须严格遵守,超过部分应于当日终了前存入银行。

💡 **注意:**

现金使用的限额,由开户行根据单位的实际需要核定,一般按照单位 3～5 天日常零星开支所需确定。边远地区和交通不便地区的开户单位的库存现金限额,可按多于5 天但不得超过 15 天的日常零星开支的需要确定。

四、现金收支的基本要求

（1）开户单位现金收入应当于当日送存开户银行;当日送存有困难的,由开户银行确定送存时间。

（2）开户银行支付现金,可以从本单位库存现金限额中支付或开户银行提取,不得从本单位的现金收入中直接支付(即坐支)。因特殊情况需要坐支现金的,应当事先报经开户银行审查批准,由开户银行核定坐支范围和限额。坐支单位应当定期向开户银行报送坐支金额和使用情况。

（3）开户单位在规定的现金使用范围内从开户银行提取现金,应当写明用途,由本单位财会部门负责人签字盖章,经开户银行审核后,予以支付现金。

(4) 因采购地点不固定,交通不便,生产或市场急需,抢险救灾及其他特殊情况必须使用现金的,开户单位应当向开户银行申请,由本单位财会部门负责人签字盖章,经开户银行审核后,予以支付现金。

(5) 开户单位有下列情形之一的,开户银行应当依照中国人民银行的规定,予以警告或者罚款;情节严重的,可在一定期限内停止对该单位的贷款或者停止对该单位的现金支付:①对现金结算给予比转账结算优惠待遇的;②拒收支票、银行汇票和银行本票的;③违反《现金管理暂行条例》第八条规定,不采取转账结算方式购置国家规定的专项控制商品的;④用不符合财务会计制度规定的凭证顶替库存现金的;⑤用转账凭证套换现金的;⑥编造用途套取现金的;⑦互相借用现金的;⑧利用账户替其他单位和个人套取现金的;⑨将单位的现金收入按个人储蓄方式存入银行的;⑩保留账外公款的;⑪未经批准坐支或者未按开户银行核定的坐支范围和限额坐支现金的。

第二节 支付结算概述

一、支付结算的概念和特征

支付结算是指单位、个人在社会经济活动使用票据、银行卡和汇兑、托收承付、委托收款等结算方式进行货币给付及其资金清算的行为。

支付结算的特征如下:
(1) 支付结算必须通过中国人民银行批准的金融机构进行。
(2) 支付结算是一种要式行为。
(3) 支付结算的发生取决于委托人的意志。
(4) 支付结算实行统一领导、分级管理。
(5) 支付结算必须依法进行。

💡 注意:
支付结算的基本原则如下:
(1) 恪守信用,履约付款。
(2) 谁的钱进谁的账,由谁支配。
(3) 银行不垫款。

二、支付结算凭证填写的要求

(1) 中文大写金额数字应用正楷或行书填写,如壹、贰、叁、肆、伍、陆、柒、捌、玖、拾、佰、仟、万、亿、元、角、分、零、整(正)等字样,不得用一、二(两)、三、四、五、六、七、八、九、十、廿、毛、另(或0)填写,不得自造简化字。如果金额数字书写中使用繁体字,也应受理。

（2）中文大写金额数字写到"元"为止,在"元"之后,应写"整"(或"正")字;在"角"之后可以不写"整"(或"正")字;大写金额数字有"分"的,"分"后面不写"整"(或"正")字。

（3）中文大写金额数字前应表明"人民币"字样,大写金额数字应紧接"人民币"字样填写,不得留有空白。大写金额数字前未印"人民币"字样的,应加填"人民币"三字。在票据和结算凭证大写金额栏内不得预印固定的"仟、佰、拾、万、仟、佰、拾、元、角、分"字样。

（4）阿拉伯小写金额数字中有"0"时,中文大写应按照汉语语言规律、金额数字构成和防止涂改的要求进行书写。

① 阿拉伯数字中间有"0"时,中文大写金额要写"零"字。(如¥1 409.50,应写成人民币壹仟肆佰零玖元伍角整(正)或人民币壹仟肆佰零玖元伍角)

② 阿拉伯数字中间有几个"0"时,中文大写金额中间可以只写一个"零"字。(如¥6 007.14,应写成人民币陆仟零柒元壹角肆分)

③ 阿拉伯金额数字万位或元位是"0",或数字中间连续有几个"0",万位、元位也是"0",但千位、角位不是"0"时,中文大写金额可以只写一个"零"字,也可以不写"零"字。(如¥1 680.32,应写成人民币壹仟陆佰捌拾元零叁角贰分,或写成人民币壹仟陆佰捌拾元叁角贰分;又如¥107 000.53,应写成人民币壹拾万柒仟元零伍角叁分,或写成人民币壹拾万零柒仟元伍角叁分)

④ 阿拉伯金额数字角为是"0",而分位不是"0"时,中文大写金额"元"后面应写"零"字。(如¥16 409.02,应写成人民币壹万陆仟肆佰零玖元零贰分;又如¥325.04,应写成人民币叁佰贰拾伍元零肆分)

（5）阿拉伯小写金额数字前面,均应填写人民币符号"¥"。阿拉伯小写金额数字要认真填写,不得连写。

（6）票据的出票日期必须使用中文大写。为防止变造票据的出票日期,在填写月、日时,月为壹、贰和拾,日为壹至玖和壹拾、贰拾、叁拾的,应在其前加"零";日为拾壹至拾玖的,应在其前面加"壹"。(例如,2月12日,应写成零贰月壹拾贰日;10月20日,应写成零壹拾月零贰拾日)

💡 **注意:**

票据出票日期使用小写填写的,银行不予受理。大写日期未按要求规范填写的,银行可予受理,但由此造成损失的,由出票人自行承担。

票据和结算凭证的金额,出票或签发日期、收款人名称不得更改,更改的票据无效;更改的结算凭证,银行不予受理。对票据和结算凭证上的其他记载事项,原记载人可以更改,更改时应当由原记载人在更改处签章证明。

第三节 银行结算账户

一、银行结算账户的概念和种类

银行结算账户,是指存款人在经办银行开立的办理资金收付结算的人民币活期存款账户。

银行结算账户按其存款人不同分为单位银行结算账户和个人银行结算账户。

二、银行结算账户的开立、变更和撤销

(一) 银行结算账户的开立

存款人应在注册地或住所地开立银行结算账户。符合异地(跨省、市、县)开户条件的,也可以在异地开立银行结算账户。

中国人民银行当地分支行应于2个工作日内对开户银行报送的核准类账户的开户资料的合规性予以审核。符合开户条件的,予以核准,颁发基本(或临时或专用)存款账户开户许可证;不符合开户条件的,应在开户申请书上签署意见,连同有关证明文件一并退回报送银行,由报送银行转送存款人。

(二) 银行结算账户的变更

根据账户管理的要求,存款人变更账户名称、单位的法定代表人或主要负责人、地址等其他开户资料后,应及时向开户银行办理变更手续,填写变更银行结算账户申请书。

属于申请变更单位银行结算账户的,应加盖单位公章和法定代表人(单位负责人)或其授权代理人的签名或者盖章;属于申请变更个人银行结算账户的,应加盖其个人签章。

存款人更改名称,但不改变开户银行及账号的,应于5个工作日内向开户银行提出银行结算账户的变更申请,并出具有关部门的证明文件。

单位的法定代表人或主要负责人、住址以及其他开户资料发生变更时,应于5个工作日内书面通知开户银行并提供有关证明。

(三) 银行结算账户的撤销

存款人撤销银行结算账户,必须与开户银行核对银行结算账户存款余额,交回各种重要空白票据及结算凭证,银行核对无误后方可办理销户手续。

有下列情形之一的,存款人应向开户银行提出撤销银行结算账户的申请:①被撤并、解散、宣告破产或关闭的;②注销、被吊销营业执照的;③因迁址需要变更开户银行

的;④其他原因需要撤销银行结算账户的。

💡 **注意:**

存款人有以上第①项、第②项情形的,应于 5 个工作日内向开户银行提出撤销银行结算账户的申请。

银行得知存款人有第①项、第②项情形的,存款人超过规定期限未主动办理撤销银行结算账户手续的,银行有权停止其银行结算账户的对外支付。

存款人因以上第③项、第④项情形撤销基本存款账户后,需要重新开立基本存款账户的,应在撤销其原基本存款账户后 10 日内申请重新开立基本存款账户。

撤销银行结算账户时,应先撤销一般存款账户、专用存款账户、临时存款账户,将账户资金转入基本存款账户后,方可办理基本存款账户的撤销。

存款人尚未清偿其开户银行债务的,不得申请撤销该银行结算账户。

三、各类银行结算账户的开立和适用

(一) 基本存款账户

1. 基本存款账户的概念

基本存款账户,是指存款人因办理日常转账结算和现金收付需要开立的银行结算账户。

2. 开户证明文件

(1) 企业法人,应出具企业法人营业执照正本。

(2) 非法人企业,应出具企业营业执照正本。

(3) 机关和实行预算管理的事业单位,应出具政府人事部门或编制委员会的批文或登记证书和财政部门同意其开户的证明;非预算管理的事业单位,应出具政府人事部门或编制委员会的批文或登记证书。

(4) 军队、武警团级(含)以上单位以及有关边防、分散执勤的支(分)队,应出具军队军级以上单位财务部门、武警总队财务部门的开户证明。

(5) 社会团体,应出具社会团体登记证书,宗教组织还应出具宗教事务管理部门的批文或证明。

(6) 民办非企业组织,应出具民办非企业登记证书。

(7) 外地常设机构,应出具其驻在地政府主管部门的批文。

(8) 外国驻华机构,应出具国家有关主管部门的批文或证明;外资企业驻华代表处、办事处,应出具国家登记机关颁发的登记证。

(9) 个体工商户,应出具个体工商户营业执照正本。

(10) 居民委员会、村民委员会、社区委员会,应出具其主管部门的批文或证明。

(11) 独立核算的附属机构,应出具其主管部门的基本存款账户开户登记证和批文。

（12）其他组织，应出具政府主管部门的批文或证明。

存款人如为从事生产经营活动纳税人的，还应出具税务部门颁发的税务登记证。

💡 **注意：**

基本存款账户是存款人的主办账户，一个单位只能开立一个基本存款账户；存款人的日常经营活动的资金收付及其工资、奖金和现金支取，应通过基本存款账户办理。

（二）一般存款账户

1. 一般存款账户的概念

一般存款账户，是指存款人因借款或其他结算的需要，在基本存款账户开户银行以外的银行营业机构开立的银行结算账户。

2. 开户证明文件

（1）开立基本存款账户规定的证明文件。

（2）基本存款账户开户登记证。

（3）存款人因向银行借款需要，应出具借款合同。

（4）存款人因其他结算需要，应出具有关证明。

💡 **注意：**

一般存款账户用于办理存款人借款转存、借款归还和其他结算的资金收付。该账户可以办理现金缴存，但不得办理现金支取。

（三）专用存款账户

1. 专用存款账户的概念

专用存款账户，是指存款人按照法律、行政法规和规章，对有特定用途资金进行专项管理和使用而开立的银行结算账户。

2. 专用存款账户的适用范围

（1）基本建设资金。

（2）更新改造资金。

（3）粮、棉、油收购资金。

（4）证券交易结算资金。

（5）期货交易保证金

（6）信托基金。

（7）政策性房地产开发资金。

（8）单位银行卡备用金。

（9）住房基金。

（10）社会保障基金。

（11）收入汇缴资金和业务支出资金。

（12）党、团、工会设在单位的组织机构经费。

(13) 其他需要专项管理和使用的资金。

3. 开户证明文件

(1) 开立基本存款账户规定的证明文件。

(2) 基本存款账户开户登记证。

(3) 基本建设资金、更新改造资金、政策性房地产开发资金、住房基金、社会保障基金,应出具主管部门批文。

(4) 粮、棉、油收购资金,应出具主管部门批文。

(5) 单位银行卡备用金,应按照中国人民银行批准的银行卡章程的规定出具有关证明和资料。

(6) 证券交易结算资金,应出具证券公司或证券管理部门的证明。

(7) 期货交易保证金,应出具期货公司或期货管理部门的证明。

(8) 收入汇缴资金和业务支出资金,应出具基本存款账户存款人有关的证明。

(9) 党、团、工会设在单位的组织机构经费,应出具该单位或有关部门的批文或证明。

(10) 其他按规定需要专项管理和使用的资金,应出具有关法规、规章或政府部门的有关文件。

💡 **注意:**

(1) 单位银行卡账户的资金由基本存款账户转账存入,不得办理现金收付业务。

(2) 证券交易结算资金、期货交易保证金和信托基金不得支取现金。

(3) 基本建设资金、更新改造资金、政策性房地产开发资金需要支取现金的,应在开户时报中国人民银行当地分支行批准。

(4) 粮、棉、油收购资金,社会保障基金,住房基金和党、团、工会经费支取现金应按照国家现金管理的规定办理。

(5) 收入汇缴账户除向其基本存款账户或者预算外资金财政专用存款账户划缴款项外,只收不付,不得支取现金。

(6) 业务支出账户除从其基本存款账户拨入款项外,只付不收,其现金支取必须按照国家现金管理的规定办理。

(四) 预算单位零余额账户

预算单位使用财政性资金,应当按照规定的程序和要求,向财政部门提出设立零余额账户的申请,财政部门同意预算单位开设零余额账户后通知代理银行。

💡 **注意:**

一个基层预算单位原则上只能开设一个零余额账户。预算单位零余额账户用于财政授权支付,可以办理转账、提取现金等结算业务,可以向本单位按账户管理规定保留的相应账户划拨工会经费、住房公积金及提租补贴,以及财政部门批准的特殊款项,不得违反规定向本单位其他账户和上级主管单位及所属下级单位账户划拨资金。

(五)临时存款账户

1. 临时存款账户的概念

临时存款账户,是指存款人因临时需要并在规定期限内使用而开立的银行结算账户。

2. 临时存款账户的适用范围

(1)设立临时机构。

(2)异地临时经营活动。

(3)注册验资、增资。

(4)军队、武警单位承担基本建设或者异地执行作战、演习、抢险救灾、应对突发事件等临时任务。

3. 开户证明文件

(1)临时机构,应出具其驻在地主管部门同意设立临时机构的批文。

(2)异地建筑施工及安装单位,应出具其营业执照正本或其隶属单位的营业执照正本,以及施工及安装地建设主管部门核发的许可证或建筑施工及安装合同。外国及港、澳、台建筑施工及安装单位,应出具行业主管部门核发的资质准入证明。

(3)异地从事临时经营活动的单位,应出具其营业执照正本以及临时经营地市场监督管理部门的批文。

(4)境内单位在异地从事临时活动的,应出具政府有关部门批准其从事该项活动的证明文件。

(5)境外(含港、澳、台地区)机构在境内从事经营活动的,应出具政府有关部门批准其从事该项活动的证明文件。

(6)军队、武警单位因执行作战、演习、抢险救灾、应对突发事件等任务需要开立银行账户时,开户银行应当凭军队、武警团级以上单位后勤(联勤)部门出具的批件或证明,先予开户并同时启用,再补办相关手续。

(7)注册验资资金,应出具市场监督管理部门核发的企业名称预先核准通知书或有关部门的批文。

(8)增资验资资金,应出具股东会或董事会决议等证明文件。

💡 **注意:**

注册验资的临时存款账户在验资期间只收不付。临时存款账户的有效期最长不得超过2年。

(六)个人银行结算账户

1. 个人银行结算账户的概念

个人银行结算账户是自然人因投资、消费、结算等需要而凭个人身份证件以自然人名称开立的银行结算账户。

Ⅰ类户:提供存款、购买投资理财产品等金融产品、转账、消费和缴费支付、支取现金等服务。

Ⅱ类户:提供存款、购买投资理财产品等金融产品、限定金额的消费和缴费支付、限额向非绑定账户转出资金等服务。(经银行柜面、自助设备加以银行工作人员现场面对面确认身份的,Ⅱ类户可以办理存取现金、非绑定账户资金转入业务)

Ⅲ类户:提供限定金额的消费和缴费支付、限额向非绑定账户转出资金等业务,经确认身份的,还可以办理非绑定账户资金转入等服务。(经银行柜面、自助设备加以银行工作人员现场面对面确认身份的,Ⅲ类户可以办理非绑定账户资金转入业务)

2. 个人银行结算账户的开户方式

(1) 柜面开户。

(2) 自助机具开户。

(3) 电子渠道开户。

(4) 代理开户。

3. 开户证明文件

(1) 有效身份证件包括:①在中华人民共和国境内已登记常住户口的中国公民为居民身份证;不满16周岁的,可以使用居民身份证或户口簿;②香港、澳门特别行政区居民为港澳居民往来内地通行证、港澳居民居住证;③台湾地区居民为台湾居民来往大陆通行证、台湾居民居住证;④国外的中国公民为中国护照;⑤外国公民为护照或者外国人永久居留证(外国边民,按照边贸结算的有关规定办理);⑥法律、行政法规规定的其他身份证明文件。

(2) 辅助身份证明材料包括但不限于:①中国公民为户口簿、护照、机动车驾驶证、居住证、社会保障卡、军人和武装警察身份证件、公安机关出具的户籍证明、工作证;②香港、澳门特别行政区居民为香港、澳门特别行政区居民身份证;③台湾地区居民为在台湾居住的有效身份证明;④定居国外的中国公民为定居国外的证明文件;⑤外国公民为外国居民身份证、使领馆人员身份证件或者机动车驾驶证等其他带有照片的身份证件;⑥完税证明、水电煤缴费单等税费凭证。

(3) 军人、武装警察尚未领取居民身份证的,除出具军人和武装警察身份证件外,还应出具军人保障卡或所在单位开具的尚未领取居民身份证的证明材料。

(七)异地银行结算账户

1. 异地银行结算账户的概念

异地银行结算账户,是指存款人符合法定条件,根据需要在其注册地或住所地行政区域之外开立相应的银行结算账户。

2. 异地银行结算账户的适用范围

存款人有下列情形之一的,可以在异地开立有关银行结算账户:

(1) 营业执照注册地与经营地不在同一行政区域(跨省、市、县),需要开立基本存款账户的;

（2）办理异地借款和其他结算需要开立一般存款账户的；

（3）存款人因附属的非独立核算单位或派出机构发生的收入汇缴或业务支出需要开立专用存款账户的；

（4）异地临时经营活动需要开立临时存款账户的；

（5）自然人根据需要在异地开立个人银行结算账户的。

3. 开户证明文件

（1）出具开立基本存款账户、一般存款账户、专用存款账户和临时存款账户规定的有关证明文件。

（2）异地借款的存款人在异地开立一般存款账户的，应出具在异地取得贷款的借款合同。

（3）因经营需要在异地办理收入汇缴和业务支出的存款人在异地开立专用存款账户的，应出具隶属单位的证明。

第四节　票据结算方式

一、票据结算概述

（一）票据的概念与种类

票据，是指由出票人依法签发的、约定自己或委托付款人在见票时或指定的日期向收款人或持票人无条件支付一定金额并可转让的有价证券，包括汇票、本票和支票。

（二）票据的特征与功能

1. 票据的特征

票据作为一种有价证券，具有有价证券的一般特征，但它又是区别于其他有价证券的一类独立的有价证券。

💡 **注意：**

与其他有价证券相比，票据主要有以下特征：

（1）票据是债权证券。

（2）票据是设权证券。

（3）票据是文义证券。

（4）票据是无因证券。

（5）票据是要式证券。

2. 票据的功能

（1）支付功能。

（2）汇兑功能。

（3）信用功能。

（4）结算功能。

（5）融资功能。

（三）票据行为

票据行为，是指票据当事人以发生票据债务为目的的、以在票据上签名或盖章为权利义务成立要件的法律行为，包括出票、背书、承兑和保证四种。

（四）票据的当事人

票据基本当事人是在票据做成和交付时就已存在的当事人，是构成票据法律关系的必要主体，包括出票人、付款人和收款人。

票据非基本当事人，是在票据做成并交付后，通过一定的票据行为加入票据关系而享有一定权利、义务的当事人，包括承兑人、背书人、被背书人和保证人。

（五）票据权利与责任

1. 票据权利

（1）票据债务人可以在下列情况下对持票人行使抗辩权：①以欺诈、偷盗或者胁迫等手段取得票据的，或者明知有前列情形，出于恶意取得票据的；②因重大过失取得票据的；③明知票据债务人与出票人或者与持票人的前手之间存在抗辩事由而取得票据的；④不履行约定义务的与票据债务人有直接债权债务关系的；⑤其他依法不得享有票据权利的。

（2）票据权利在下列期限内不行使而消灭：①持票人对票据的出票人和承兑人的权利，自票据到期日起2年，见票即付的汇票、本票，自出票日起2年；②持票人对支票出票人的权利，自出票日起6个月；③持票人对前手的追索权，自被拒绝承兑或者被拒绝付款之日起6个月；④持票人对前手的再追索权，自清偿日或者被提起诉讼之日起3个月。

2. 票据责任

票据债务人承担票据义务一般有以下四种情况：

（1）汇票承兑人因承兑而应承担付款义务。

（2）本票出票人因出票而承担自己付款的义务。

（3）支票付款人在与出票人有资金关系时承担付款义务。

（4）汇票、本票、支票的背书人，汇票、本票的出票人、保证人，在票据不获承兑或不获付款时的付款清偿义务。

（六）票据签章

票据签章，是指票据有关当事人在票据上签名、盖章或签名加盖章的行为。票据签章是票据行为生效的重要条件，也是票据行为表现形式中必须记载的事项。如果票据缺少当事人的签章，将会导致票据无效或该项票据行为无效。

（七）票据记载事项

（1）绝对记载事项，是指《票据法》明文规定必须记载的，如不记载，票据行为即为无效的事项。

（2）相对记载事项。汇票上未记载付款日期的，为见票即付；汇票上未记载付款地的，付款人的营业场所、住所或经常居住地为付款地。

（3）非法定记载事项按照记载时是否产生票据效力，分为任意记载事项和不产生票据效力记载事项。

（八）票据丧失的补救

（1）挂失止付。

（2）公示催告。

（3）普通诉讼。

二、支票

（一）支票的适用范围

支票的基本当事人包括出票人、付款人和收款人。单位和个人的各种款项结算，均可以使用支票。支票可以实现全国范围内的互通使用。

按照支付票款的方式不同，支票分为普通支票、现金支票和转账支票。

（二）支票的出票

支票的绝对记载事项：①表明"支票"的字样；②无条件支付的委托；③确定的金额；④付款人名称；⑤出票日期；⑥出票人签章。

支票的金额和收款人名称可以由出票人授权补记，未补记之前不得背书转让和提示付款。

支票的相对记载事项：①付款地，支票上未记载付款地的，付款人的营业场所为付款地；②出票地，支票上未记载出票地的，出票人的营业场所、住所或者经常居住地为出票地。

此外，支票上可以记载非法定记载事项，但此事项并不发生支票上的效力。

（三）支票的付款

支票限于见票即付，不得另行记载付款日期。另行记载付款日期的，该记载无效。

1. 提示付款期限

支票的持票人应当自出票日起 10 日内提示付款；异地使用的支票，其提示付款的期限由中国人民银行另行规定。

超过提示付款期限的，付款人可以不予付款，但是付款人不予付款的，出票人仍应当对持票人承担票据责任。

2. 付款

持票人在提示期间内向付款人提示票据，付款人在对支票进行审查之后，如未发现有不符合规定之处，应向持票人付款。出票人在付款人处的存款足以支付支票金额时，付款人应当在当日足额付款。

3．付款责任的解除

付款人依法支付支票金额的,对出票人不再承担受委托付款的责任,对持票人不再承担付款的责任。但是,付款人以恶意或有重大过失付款的除外。

三、商业汇票

(一) 商业汇票的概念和种类

商业汇票是出票人签发的,委托付款人在指定日期无条件支付确定的金额给收款人或持票人的票据。商业汇票的付款期限,最长不得超过6个月。

商业汇票按承兑人不同,分为商业承兑汇票和银行承兑汇票。

(二) 商业汇票的出票

1．商业汇票的出票人

(1) 商业承兑汇票的出票人必须具备下列条件:①在银行开立存款账户的法人及其他组织;②与付款人具有真实的委托付款关系;③具有支付汇票金额的可靠资金来源。

(2) 银行承兑汇票的出票人必须具备下列条件:①在承兑银行开立存款账户的法人及其他组织;②与承兑银行具有真实的委托付款关系;③资信状况良好,具有支付汇票金额的可靠资金来源。

2．商业汇票的记载事项

(1) 商业汇票的绝对记载事项:①表明“商业承兑汇票”或“银行承兑汇票”的字样;②无条件支付的委托;③确定的金额;④付款人的名称;⑤收款人名称;⑥出票日期;⑦出票人签章。签发商业汇票必须记载上述事项,欠缺记载上述事项之一的,商业汇票无效。

(2) 商业汇票的相对记载事项:①汇票上未记载付款日期的,为见票即付;②汇票上未记载付款地的,付款人的营业场所、住所或者经常居住地为付款地;③汇票上未记载出票地的,出票人的营业场所、住所或者经常居住地为出票地。

此外,汇票上可以记载非法定记载事项,但这些事项不具有汇票上的效力。

(三) 商业汇票的承兑

承兑是指汇票的付款人承诺在到期日支付票面金额的行为。

承兑的程序主要包括两个方面:一是提示承兑;二是承兑成立。

承兑生效后,即对付款人产生相应的效力,主要表现在:①承兑人于汇票到期日必须向持票人无条件地支付汇票上的金额,否则其必须承担迟延付款责任;②承兑人必须对汇票上的一切权利人承担责任,该权利人包括付款请求权利人和追索权利人;③承兑人不得以其与出票人之间的资金关系来对抗持票人,拒绝支付汇票金额;④承兑人的票据责任不因持票人未在法定期限提示付款而解除。

💡 **注意:**

付款承兑商业汇票,不得附有条件;承兑附有条件的,视为拒绝承兑,持票人可请求其作出拒绝承兑的证明,向其前手行使追索权。

银行承兑汇票的承兑银行,应按票面金额的一定比例向出票人收取手续费,银行承兑汇票手续费为市场调节价。

(四) 商业汇票的付款

商业汇票的付款,是指付款人依据票据文义支付票据金额,以消灭票据关系的行为。商业汇票的付款人为承兑人,其付款地为承兑人所在地。

商业汇票的付款期限,最长不得超过 6 个月。定日付款的汇票付款期限自出票日起计算,并在汇票上记载具体的到期日;出票后定期付款的汇票付款期限自出票日起按月计算;见票后定期付款的汇票付款期限自承兑或拒绝承兑日起按月计算,并在汇票上记载。

持票人应当按照下列法定期限提示付款:①见票即付的汇票,自出票日起 1 个月内向付款人提示付款;②定日付款、出票后定期付款或者见票后定期付款的汇票,自到期日起 10 日内向承兑人提示付款。

持票人应在提示付款期限内向开户银行委托收款或直接向付款人提示付款,持票人未按照前款规定期限提示付款的,在作出说明后,承兑人或者付款人仍应当继续对持票人承担付款责任。

(五) 商业汇票的背书

背书是一种要式行为,因此必须符合法定的形式。背书应记载的事项包括以下内容:

(1) 背书由背书人签章并记载背书日期。背书未记载日期的,视为在汇票到期日前背书。背书人签章属于绝对记载事项,如不记载,则背书行为无效。

(2) 背书必须记载被背书人名称。如果背书人未记载被背书人名称即将票据交付他人的,持票人在票据被背书人栏内记载自己的名称与背书人记载具有同等法律效力。

(3) 出票人在汇票上记载"不得转让"字样的,汇票不得转让。

💡 **注意:**

背书人在汇票上记载"不得转让"字样,其后手再背书转让的,原背书人对后手的被背书人不承担保证责任,只对直接的被背书人承担责任。

(4) 票据凭证不能满足背书人记载事项的需要,可以加附粘单,黏附于票据凭证上。第一位使用粘单的背书人必须将粘单黏接在票据上,并需在汇票和粘单的黏接处签章,否则该粘单记载的内容即为无效。

(5) 背书不得记载的内容有两项:一是附有条件的背书;二是部分背书。背书不得附有条件,背书附有条件的,所附条件不具有汇票上的效力;部分背书是指背书人在背书时,将汇票金额的一部分或者将汇票金额分别转让给两人以上的背书。将汇票金额的一部分转让的背书或将汇票金额分别转让给两人以上的背书都是无效的。

💡 **注意:**

（1）如果背书不连续,付款人可以拒绝向持票人付款,否则付款人自行承担责任。

（2）法定禁止背书是指根据《票据法》的规定而禁止背书转让的情形。根据《票据法》的规定,法定禁止背书的情形有三种:①被拒绝承兑的汇票;②被拒绝付款的汇票;③超过付款提示期限的汇票。如果背书人将此类汇票以背书方式转让的,应当承担法律责任。

（六）商业汇票的保证

票据保证,是指票据债务人以外的第三人,以担保特定债务人履行票据债务为目的,而在票据上所为的一种附属票据行为。

保证的当事人为保证人与被保证人。

1. 保证的格式

办理保证手续时,保证人必须在汇票或粘单上记载下列事项:①表明"保证"的字样;②保证人的名称和住所;③被保证人的名称;④保证日期;⑤保证人签章。

💡 **注意:**

保证文句和保证人签章两项是绝对记载事项,被保证人的名称、保证日期、保证人的名称和住所是相对记载事项。未记载被保证人名称的,已承兑的汇票,承兑人为被保证人;未承兑的汇票,出票人为被保证人。未记载保证日期的,出票日期为保证日期。未记载保证人住所的,保证人的营业场所或者住所为保证人住所。保证不得附有条件;附有条件的,不影响对汇票的保证责任。

2. 保证的效力

（1）保证人的责任。被保证的汇票,保证人应当与被保证人对持票人承担连带责任。汇票到期后得不到付款的,持票人有权向保证人请求付款,保证人应当足额付款。

（2）共同保证人的责任。共同保证,是指保证人为两人以上的保证。持票人可以不分先后向保证人中的一人或者数人或者全体,就全部票据金额及有关费用行使票据权利,共同保证人不得拒绝。

（3）保证人的追索权。保证人清偿汇票债务后,可以行使持票人对被保证人及其前手的追索权。

四、银行汇票

（一）银行汇票的概念和适用范围

银行汇票是出票银行签发的,由其在见票时按照实际结算金额无条件支付给收款人或者持票人的票据。单位和个人各种款项结算,均可使用银行汇票。银行汇票可以用于转账,填明"现金"字样的银行汇票也可以用于支取现金。

（二）银行汇票的记载事项

银行汇票的绝对记载事项：①表明"银行汇票"的字样；②无条件支付的承诺；③出票金额；④付款人名称；⑤收款人名称；⑥出票日期；⑦出票人签章。

银行汇票的相对记载事项：①汇票上未记载付款日期的，为见票即付；②汇票上未记载付款地的，付款人的营业场所、住所或者经常居住地为付款地；③汇票上未记载出票地的，出票人的营业场所、住所或者经常居住地为出票地。

（三）银行汇票的基本规定

（1）银行汇票可以用于转账，填明"现金"字样的银行汇票也可以提取现金。

（2）银行汇票的付款人为银行汇票的出票银行，银行汇票的付款地为代理付款人或出票人所在地。

（3）银行汇票的出票人在票据上的签章，应为经中国人民银行批准使用的该银行汇票专用章加其法定代表人或其授权代理人的签名或者盖章。

（4）银行汇票属见票即付的汇票，自出票日起1个月内向付款人提示付款。持票人超过付款期限提示付款的，代理付款人不予受理。

（5）银行汇票可以背书转让，但填明"现金"字样的银行汇票不得背书转让。银行汇票的背书转让以不超过出票金额的实际结算金额为准。未填写实际结算金额或实际结算金额超过出票金额的，银行汇票不得背书转让。

（6）填明"现金"字样和代理付款人的银行汇票丧失，可以由失票人通知付款人或者代理付款人挂失止付。

（7）银行汇票丧失，失票人可以凭人民法院出具的其享有票据权利的证明，向出票银行请求付款或退款。

五、银行本票

单位和个人在同一票据交换区域需要支付各项款项，均可以使用银行本票。银行本票可以用于转账，注明"现金"字样的银行本票可以用于支取现金。申请人或收款人为单位的，不得申请签发现金银行本票。

银行本票的绝对记载事项：①表明"本票"的字样；②无条件支付的承诺；③确定的金额；④收款人名称；⑤出票日期；⑥出票人签章。

银行本票的相对记载事项：①付款地，本票上未记载付款地的，出票人的营业场所为付款地；②出票地，本票上未记载出票地的，出票人的营业场所为出票地。

💡 **注意：**

本票的提示付款期限自出票日起最长不得超过2个月。持票人超过期限提示付款的，代理付款人不予受理。本票的持票人未按照规定期限提示见票的，丧失对出票人以外的前手的追索权。

第五节　银　行　卡

一、银行卡的概念与分类

银行卡,是指经批准由商业银行向社会发行的,具有消费信用、转账结算、存取现金等全部或部分功能的信用支付工具。

(1) 按照发行主体是否在境内,银行卡可分为境内卡和境外卡。

(2) 按照是否给予持卡人授信额度,银行卡可分为信用卡和借记卡。信用卡可以分为贷记卡和准贷记卡。

(3) 按照币种不同,银行卡可分为人民币卡、外币卡和双币种卡。

(4) 按照信息载体的不同,银行卡可分为磁条卡和芯片卡。

二、银行卡账户与交易

单位人民币卡可办理商品交易和劳务供应款项的结算,但不得透支。

单位卡账户的资金,一律从其基本存款账户转账转入,不得存取现金,不得将销货收入的款项存入单位卡账户。

个人卡账户的资金以其持有的现金存入和工资性款项,以及属于个人的劳务报酬收入转账存入。严禁将单位的款项存入个人卡账户。

第六节　其他结算方式

一、汇兑

汇兑是汇款人委托银行将其款项支付给收款人的结算方式。汇兑分为信汇和电汇两种方式,由汇款人选择使用。单位和个人各种款项的结算,均可使用汇兑结算方式。汇兑一般用于异地间的结算。

汇兑凭证的绝对记载事项:①标明"信汇"和"电汇"的字样;②无条件支付的委托;③确定的金额;④收款人名称;⑤汇款人名称;⑥汇入地点、汇入行名称;⑦汇出地点与汇出行名称;⑧委托日期;⑨汇款人签章。

二、委托收款

委托收款是收款人委托银行向付款人收取款项的结算方式。委托收款结算款项的划回方式，分邮寄和电报两种，由收款人选用。

单位和个人凭已承兑商业汇票、债券、存单等付款人债务证明办理款项的结算，均可以使用委托收款结算方式。委托收款在同城、异地均可以使用。

委托收款凭证的绝对记载事项：①表明"委托收款"的字样；②确定的金额；③付款人名称；④收款人名称；⑤委托收款凭据名称及附寄单证张数；⑥委托日期；⑦收款人签章。欠缺记载上列事项之一的，银行不予受理。

三、托收承付

托收承付是根据购销合同由收款人发货后委托银行向异地付款人收取款项，由付款人向银行承认付款的结算方式。

使用托收承付结算方式的收款单位和付款单位，必须是国有企业、供销合作社以及经营管理较好，并经开户银行审查同意的城乡集体所有制工业企业。

办理托收承付结算的款项，必须是商品交易，以及因商品交易而产生的劳务供应的款项。代销、寄销、赊销商品的款项，不得办理托收承付结算。

托收承付结算每笔的金额起点为 1 万元，新华书店系统每笔的金额起点为 1 000 元。

托收承付凭证记载事项有：①表明"托收承付"的字样；②确定的金额；③付款人的名称和账号；④收款人的名称和账号；⑤付款人的开户银行名称；⑥收款人的开户银行名称；⑦托收附寄单证张数或册数；⑧合同名称、号码；⑨委托日期；⑩收款人签章。

四、国内信用证

国内信用证（简称信用证）是适用于国内贸易的一种支付结算方式，是开证银行依照申请人（购货方）的申请向受益人（销货方）开出的有一定金额、在一定期限内凭信用证规定的单据支付款项的书面承诺。

信用证结算适用于银行为国内企事业单位之间货物和服务贸易提供的结算服务。信用证只能用于转账结算，不得支取现金。

第七节　网　上　支　付

一、网上银行

(1) 按主要服务对象的不同，网上银行可以分为企业网上银行和个人网上银行。

（2）按经营组织的不同，网上银行可以分为分支型网上银行和纯网上银行。

（3）按业务种类的不同，网上银行可以分为零售银行和批发银行。

企业网上银行子系统的主要业务功能包括：

（1）账户信息查询。

（2）支付指令。

（3）B2B 网上支付。

（4）批量支付。

个人网上银行子系统的主要业务功能包括：

（1）账户信息查询。

（2）人民币转账业务。

（3）银证转账业务。

（4）外汇买卖业务。

（5）账户管理业务。

（6）B2C 网上支付。

二、第三方支付

（一）第三方支付的概念

第三方支付在《非金融机构支付服务管理办法》中，是指非金融机构作为收、付款人的支付中介所提供的网络支付、预付卡发行与受理、银行卡收单，以及中国人民银行确定的其他支付服务。

（二）第三方支付的开户要求

（1）支付机构为个人开立支付账户的，同一个人在同一家支付机构只能开立一个Ⅲ类账户。

（2）支付机构为单位开立支付账户的，应当依法要求单位提供相关证明文件，并自主或者委托合作机构以面对面方式核实客户身份，或者以非面对面方式通过至少 3 个合法安全的外部渠道对单位基本信息进行多重交叉验证。

（3）支付机构在为单位和个人开立支付账户时，应当与单位和个人签订协议，约定支付账户与支付账户、支付账户与银行账户之间的日累计转账限额和笔数，超出限额和笔数的，不得再办理转账业务。

（三）第三方支付的种类

（1）线上支付方式。

（2）线下支付方式。

（四）第三方支付的行业分类

（1）金融型支付企业。

（2）互联网支付企业。

 巩固训练

一、单项选择题

1. 下列关于单位支付现金的表述中,错误的是(   )。

   A. 单位不得超过库存现金限额支付现金

   B. 除特殊情况,单位不得坐支现金

   C. 因特殊情况确需坐支现金的,单位必须事后向开户银行报备

   D. 单位应按月向开户银行报送坐支现金的金额和使用情况

2. 根据《票据法》的规定,某公司签发汇票所出现的下列情形中,使得该汇票无效的是(   )。

   A. 汇票上未记载付款日期

   B. 汇票上的金额记为"不超过50万元"

   C. 汇票上记载了该票据项下交易的合同号码

   D. 签章处加盖了本公司公章,公司负责人仅签名而未盖章

3. 汇票的背书人在票据上记载了"不得转让"字样,但其后手仍进行了背书转让。下列关于票据责任承担的表述中,错误的是(   )。

   A. 不影响承兑人的票据责任

   B. 不影响出票人的票据责任

   C. 不影响原背书人对前手的票据责任

   D. 不影响原背书人对后手的被背书人承担票据责任

4. 适用于支票的付款方式为(   )。

   A. 定期付款   B. 见票后定期付款

   C. 见票即付   D. 出票后定期付款

5. 下列有关票据承兑的说法中,正确的是(   )。

   A. 定日付款的商业承兑汇票,持票人应当在汇票到期日前向付款人提示承兑

   B. 见票后定期付款的汇票,持票人应当自出票日起10日内向付款人提示承兑

   C. 付款人承兑汇票的,应当在汇票正面或背面记载"承兑"字样和承兑日期并签章

   D. 票据承兑后,持票人未在法定期限提示付款的,承兑人的票据责任解除

6. 因采购地点不固定,交通不便,生产或市场急需,抢险救灾,以及其他特殊情况必须使用现金的,开户单位应当向(   )提出申请,由(   )签字盖章,经开户银行审核后,予以支付现金。

   A. 中国人民银行;单位负责人

   B. 开户银行;财会部门负责人

   C. 中国人民银行;财会部门负责人

D. 开户银行;单位负责人

7. 甲在将一张汇票背书转让给乙时,未将乙的姓名记载于被背书人栏内。乙发现后将自己的姓名填入被背书人栏内。下列关于乙填入自己姓名的行为效力的表述中,正确的是( )。

    A. 无效   B. 有效   C. 可撤销   D. 甲追认后有效

8. 根据支付结算法律制度的规定,下列有关汇兑的表述中,不正确的是( )。

    A. 汇兑分为信汇和电汇两种

    B. 汇兑每笔金额起点为1万元

    C. 汇兑适用于单位和个人各种款项的结算

    D. 汇兑是汇款人委托银行将其款项支付给收款人的结算方式

9. 下列关于一般存款账户的表述中,不正确的是( )。

    A. 一般存款账户是存款人在基本存款账户开户银行以外的银行营业机构开立的银行结算账户

    B. 存款人申请开立一般存款账户,应向银行出具开立基本存款账户规定的证明文件、基本存款账户开户登记证等文件

    C. 存款人可以通过本账户办理转账结算和现金缴存,但不能办理现金支取

    D. 一般存款账户是存款人的主要存款账户

10. 根据《支付结算办法》的规定,票据债务人以外的人,为担保特定债务人履行票据债务而在票据上记载有关事项并盖章的行为称为( )。

    A. 出票   B. 背书   C. 承兑   D. 保证

11. 下列各项关于支付结算的表述中,错误的是( )。

    A. 银行在支付结算中充当中介机构的角色

    B. 银行不得为任何单位或个人冻结、扣款,不得停止单位、个人存款的正常支付

    C. 银行只要以善意且符合规定的正常操作程序进行审查,对伪造、变造的票据和结算凭证上的签章,以及需要交验的个人有效身份证未发现异常而支付金额的,对出票人或付款人不再承担受委托付款的责任,对持票人或收款人不再承担付款责任

    D. 使用不符合中国人民银行统一规定格式的结算凭证,银行不予受理

12. 存款人违反规定开立银行结算账户的,对于非经营性的存款人,给予警告并处以( )的罚款。

    A. 1 000元

    B. 3 000元

    C. 1 000元以上1万元以下

    D. 1万元以上3万元以下

13. 根据《人民币银行结算账户管理办法》的规定,下列关于银行结算账户管理应当遵守的基本原则的表述中,错误的是( )。

A. 个人银行结算账户的存款人只能在银行开立一个基本存款账户

B. 存款人可以自主选择银行开立银行结算账户

C. 银行结算账户的开立和使用必须遵守法律

D. 银行应依法为存款人的银行结算账户信息保密

14. 根据《人民币银行结算账户管理办法》的规定,符合开立一般存款账户条件的,银行办理开户手续,并于开户之日起5个工作日内向(　　)备案。

A. 当地省级以上财政部门

B. 中国人民银行总行

C. 当地县级以上财政部门

D. 中国人民银行当地分支行

15. 临时存款账户的有效期为(　　)。

A. 最长不得超过2年

B. 最长不得超过1年

C. 最短不得少于2年

D. 最短不得少于1年

16. 根据票据法律制度的规定,支票的下列记载事项中,可由出票人授权补记的是(　　)。

A. 付款人名称

B. 出票日期

C. 收款人名称

D. 出票人签章

17. 下列有关单位银行卡账户的资金管理中,不符合《人民币银行结算账户管理办法》规定的是(　　)。

A. 从其基本存款账户转账存入

B. 从其一般存款账户转账存入

C. 不得办理现金收付业务

D. 可以办理银行转账业务

18. 甲公司持有一张商业汇票,到期委托开户银行向承兑人收取款项。甲公司行使的票据权利是(　　)。

A. 利益返还请求权

B. 付款请求权

C. 票据追索权

D. 票据返还请求权

19. 银行审核支票付款的依据是支票出票人的(　　)。

A. 电话号码

B. 身份证

C. 支票存根

D. 预留银行签章

20. 付款人承兑时附有条件,下列说法中,正确的是(　　)。

A. 所附条件不具有汇票上的效力

B. 所附条件满足,承兑方能成立

C. 所附条件满足,承兑人应当承担到期付款的责任

D. 视为拒绝承兑

21. 下列银行汇票,银行不予受理的是(　　)。

A. 未填明实际结算金额和多余金额

B. 实际结算金额小于出票金额

C. 填明实际结算金额但未填明多余金额

D. 填明实际结算金额和多余金额

22. 下列情形中,可以向银行申请签发现金银行汇票的是( )。

    A. 申请人为单位,收款人为个人   B. 申请人为个人,收款人为单位

    C. 申请人和收款人均为个人   D. 申请人和收款人均为单位

23. 根据《人民币银行结算账户管理办法》的规定,银行接到存款人的变更通知后,应及时办理变更手续,并在一定期限内向中国人民银行报告,该期限为( )个工作日。

    A. 2   B. 4   C. 6   D. 8

24. 在票据当事人中,被记名受让票据或接受票据转让的人称为( )。

    A. 背书人   B. 被背书人   C. 收款人   D. 保证人

25. 下列账户中,属于不得办理现金收付业务的账户是( )。

    A. 基本存款账户   B. 临时存款账户

    C. 个人银行结算账户   D. 单位银行卡账户

二、多项选择题

1. 对下列资金的管理与使用,存款人可以申请开立专用存款账户的有( )。

    A. 基本建设资金   B. 流动资金借款

    C. 社会保障基金   D. 单位银行卡备用金

2. 下列表述中,正确的有( )。

    A. 票据的出票日期必须使用中文大写

    B. 票据的出票日期未按要求规范填写的,银行可予受理

    C. 票据上的阿拉伯小写金额数字不得连写,以便于分辨

    D. 票据上的中文大写金额数字间应留有一定间隔,以便于分辨

3. 下列各项中,中国人民银行各分行可以制定,并报经总行备案或批准后执行的有( )。

    A. 统一的支付结算制度   B. 统一的支付结算制度的实施细则

    C. 单项支付结算办法   D. 各商业银行的具体实施办法

4. 根据《人民币银行结算账户管理办法》的规定,银行结算账户按存款人的不同可以分为( )。

    A. 单位银行结算账户   B. 本地银行结算账户

    C. 异地银行结算账户   D. 个人银行结算账户

5. 下列各项中,( )属于我国目前使用的人民币非现金支付工具。

    A. 汇票   B. 本票   C. 支票   D. 信用卡

6. 根据《人民币银行结算账户管理办法》的规定,下列关于支付结算的各项表述中,正确的有( )。

    A. 银行账户分为基本存款账户、一般存款账户、临时存款账户和专用存款账户

    B. 存款人只能选择一家银行的一个营业机构开立一个基本存款账户

    C. 存款人可以通过基本存款账户办理工资、奖金等现金的支取

    D. 存款人可以通过一般存款账户办理工资、奖金等现金的支取

7. 下列各项表述中,错误的有( )。

    A. 票据的金额可以更改

    B. 票据的金额不得更改

    C. 票据的出票日期不得更改

    D. 票据的收款人名称可以更改

8. 根据《人民币银行结算账户管理办法》的规定,企业不得利用银行结算账户进行( )。

    A. 偷逃税款   B. 逃避债务   C. 套取现金   D. 洗钱

9. 下列各项中,( )属于支付结算行为。

    A. 货币给付   B. 资金清算   C. 商品采购   D. 商品销售

10. 在办理货币资金支付业务中,支付复核的内容包括( )。

    A. 货币资金支付申请的批准范围、权限、程序是否正确

    B. 货币资金支付的手续及相关单证是否齐备

    C. 支付金额的计算是否准确

    D. 支付方式、支付单位是否妥当

11. 下列各项中,( )属于开户单位现金收支的基本要求。

    A. 开户单位不准用不符合国家统一的会计制度的凭证顶替库存现金

    B. 开户单位不准利用账户替其他单位和个人套取现金

    C. 开户单位不准编造用途套用现金

    D. 开户单位不准将单位收入的现金按个人储蓄方式存入银行

12. 申请人在向审批人提交的货币支付申请中应注明的内容包括( )。

    A. 款项用途   B. 金额   C. 预算   D. 支付方式

13. 办理货币资金支付业务的流程包括( )。

    A. 支付申请   B. 支付审批   C. 支付复核   D. 办理支付

14. 单位建立的货币资金业务授权批准制度应当包括( )。

    A. 审批人对货币资金业务授权批准的方式

    B. 审批人对货币资金业务授权批准的权限

    C. 审批人对货币资金业务授权批准的程序

    D. 审批人对货币资金业务授权批准的责任和相关控制措施

15. 各单位应当建立货币资金业务的岗位责任制,明确相关部门和岗位的职责权限。下列各项中,( )属于单位应遵循的货币资金业务岗位设置要求。

    A. 不相容岗位相互分离   B. 不相容岗位相互制约

    B. 不相容岗位相互监督   D. 不相容岗位相互轮岗

16. 根据《人民币银行结算账户管理办法》的规定,存款人可以在( )开立银行结算账户。

    A. 政策性银行   B. 中国平安保险公司

    C. 中国银行   D. 农村信用合作社

17. 根据《现金管理暂行条例》的规定,下列项目中,可以使用现金支付的有(　　)。

    A. 职工工资、津贴

    B. 出差人员必须随身携带的差旅费

    C. 各种劳保、福利费用,以及国家规定的对个人的其他支出

    D. 向个人收购农副产品和其他物资的价款

18. 根据《人民币银行结算账户管理办法》的规定,人民币银行结算账户,是指银行为
    (　　)开立的办理资金收付结算的人民币活期存款账户。

    A. 事业单位　　　　B. 部队　　　　　　C. 自然人　　　　　D. 个体工商户

19. 根据《人民币银行结算账户管理办法》的规定,银行违反规定为存款人多头开立银行
    结算账户,应给予的处罚有(　　)。

    A. 给予警告,并处以5万元以上30万元以下罚款

    B. 对该银行直接负责的高级管理人员、其他直接负责的主管人员、直接责任人员按
       规定给予纪律处分

    C. 情节严重的,中国人民银行有权停止对其开立基本存款账户的核准,责令该银行
       停业整顿或者吊销经营金融业务许可证

    D. 构成犯罪的,移交司法机关依法追究刑事责任

20. 根据《人民币银行结算账户管理办法》的规定,可以申请开立个人银行结算账户的条
    件有(　　)。

    A. 使用支票　　　　　　　　　　　B. 使用信用卡

    C. 办理汇兑　　　　　　　　　　　D. 办理定期借记或定期贷记

21. 根据《人民币银行结算账户管理办法》的规定,下列各项中,(　　)属于存款人申请
    开立基本存款账户的证明文件。

    A. 借款合同

    B. 当地市场监督管理机关核发的营业执照正本

    C. 政府人事部门或编制委员会的批文或登记证书和财政部门同意其开户的证明

    D. 个人的居民身份证

22. 下列各项中,(　　)属于汇票背书时必须记载的内容。

    A. 背书人签章　　　　　　　　　　B. 背书日期

    C. 被背书人名称　　　　　　　　　D. 禁止背书的记载

23. 根据《支付结算办法》的规定,下列各项中,(　　)属于支票签发要求。

    A. 签发支票应使用碳素墨水或墨汁填写,中国人民银行另有规定的除外

    B. 签发现金支票和用于支取现金的普通支票,必须符合国家现金管理的规定

    C. 支票的出票人签发支票的金额不得超过付款时在付款人处实有的存款金额

    D. 出票人不得签发与预留银行签章不符的支票;使用支票密码的,出票人不得签发
       支票密码错误的支票

24. 根据《票据法》的规定,(　　)既可用于转账,又可用于支取现金。

A. 银行汇票　　　B. 银行本票　　　C. 商业汇票　　　D. 支票

25. 根据《票据法》的规定,下列各项中,(　　)属于支票基本当事人。

　　A. 签发支票的单位　　　　　　　B. 签发支票的个人

　　C. 出票人的开户银行　　　　　　D. 收款人

26. 根据《支付结算办法》的规定,出票人签发空头支票的,(　　)有权对出票人罚款或提出赔偿要求。

　　A. 承兑人　　　　B. 银行　　　　C. 存款人　　　　D. 持票人

27. 银行结算账户的变更主要包括(　　)的变更。

　　A. 存款人账户名称　　　　　　　B. 单位法定代表人

　　C. 总会计师　　　　　　　　　　D. 住址

28. 下列有关贷记卡持卡人非现金交易的说法中,不正确的有(　　)。

　　A. 免息还款期最长为 50 天

　　B. 贷记卡持卡人选择最低还款额方式还款时,还可以享受免息还款期待遇

　　C. 贷记卡透支按月计收单利,准贷记卡透支按月计收复利

　　D. 透支利率为日利率 0.5‰,并根据中国人民银行的此项利率调整而调整

29. 关于票据保证,下列说法中,符合《票据法》规定的有(　　)。

　　A. 保证的当事人为保证人和被保证人

　　B. 被保证的汇票,如果没有注明,保证人承担一般保证责任

　　C. 保证人为 2 人以上的,保证人之间承担连带责任

　　D. 保证人清偿汇票债务后,可以行使持票人对被保证人及其前手的追索权

30. 根据《支付结算办法》的规定,下列各项中,(　　)属于支票的相对记载事项。

　　A. 付款地　　　　　　　　　　　B. 付款人名称

　　C. 出票地　　　　　　　　　　　D. 出票日期

三、判断题

1. 商业银行总行可根据统一的支付结算制度,结合本行情况,制定具体管理实施办法,不必报经其他机关批准就可执行其制定的具体管理实施办法。　　　　　　　　(　　)

2. 单位在结算凭证上的签章就是该单位的盖章。　　　　　　　　　　　　　　(　　)

3. 委托收款结算方式只在同城使用,异地不可使用。　　　　　　　　　　　　(　　)

4. 票据上有伪造、变造的签章的,票据无效,银行不予受理。　　　　　　　　(　　)

5. 票据必须由当事人本人签章。　　　　　　　　　　　　　　　　　　　　　(　　)

6. 填写票据结算凭证时,金额大写必须使用汉字。　　　　　　　　　　　　　(　　)

7. 申请货币资金支付业务时,申请人除要说明货币资金支付业务的款项用途、金额、预算、支付方式等内容外,还需附有效经济合同或相关证明。　　　　　　　　　(　　)

8. 一般情况下,单位不应轮换办理货币资金业务的人员。　　　　　　　　　　(　　)

9. 单位需向个人支付款项时,均可以使用现金支付。　　　　　　　　　　　　(　　)

10. 开户单位之间的经济来往必须通过转账方式进行结算。　　　　　　　　　(　　)

11. 根据《人民币银行结算账户管理办法》的规定,存款人尚未清偿开户银行债务的,不得申请撤销银行账户。 （   ）

12. 存款人必须在注册地或住所地开立银行结算账户。 （   ）

13. 根据《人民币银行结算账户管理办法》的规定,银行对1年未发生收付活动且未欠开户银行债务的单位银行结算账户,应通知单位自发出通知之日起30日内办理销户手续,逾期视同自愿销户,未划转款项作为银行营业外收入处理。 （   ）

14. 为保证现金的完全完整,单位应当按规定对库存现金进行定期和不定期的清查,一般采用实地盘点法,对于清查的结果应当编制现金盘点报告单。 （   ）

15. 存款人开立各种存款账户应当实行核准制,经财政、税务机关核准后由银行核发开户登记证。 （   ）

16. 根据《人民币银行结算账户管理办法》的规定,银行得知存款人主体资格终止情况,存款人超规定未主动办理撤销银行结算账户手续的,银行有权停止其银行结算账户的对外支付。 （   ）

17. 根据《人民币银行结算账户管理办法》的规定,个人银行结算账户具有活期储蓄功能和普通转账结算功能,此外,通过个人银行结算账户还可以使用支票、信用卡等信用支付工具。 （   ）

18. 根据《人民币银行结算账户管理办法》的规定,信托基金专用存款账户需要支取现金的,应在开户时报中国人民银行当地分行批准。 （   ）

19. 根据《人民币银行结算账户管理办法》的规定,收入汇缴账户除向其基本存款账户或预算外资金财政专用账户划缴款项外,只收不付,不得支取现金。 （   ）

20. 根据《人民币银行结算账户管理办法》的规定,一般存款账户、专用存款账户的开立,必须以基本存款账户的开立为前提。 （   ）

21. 根据《人民币银行结算账户管理办法》的规定,实行预算管理的事业单位的基本存款账户开户登记证,必须经中国人民银行核准后,才能由开户银行核发。 （   ）

22. 根据《人民币银行结算账户管理办法》的规定,存款人因向银行借款需要申请开立一般存款账户时,应出具借款合同。 （   ）

23. 根据《支付结算办法》的规定,支票上可以记载非法定记载事项,但这些事项并不影响支票上的效力。 （   ）

24. 根据《支付结算办法》的规定,支票的提示付款期限为出票日起15日。 （   ）

25. 根据《支付结算办法》的规定,用于支取现金的支票不能背书转让。 （   ）

26. 未按中国人民银行统一规定印制的票据是无效票据,不能作为支付的凭证。 （   ）

27. 为保障收款人的利益,当付款人开立账户的资金不足以支付收款人所出示的票据或结算凭证时,银行应为其垫付不足资金,并将有关情况及时通知付款人,待付款人开立资金补足后,予以扣除。 （   ）

28. 在事实清楚的情况下,银行可以根据任何单位或个人的申请,对其所管理的单位或个人存款账户进行冻结、扣款,停止存款账户的正常支付。 （   ）

29. 任何金融机构均可以作为中介机构经营支付结算业务。 （　　）

30. 根据《支付结算办法》的规定,支票的存款账户结清时,存款人必须将全部剩余空白支票自行销毁。 （　　）

31. 票据的签发、取得和转让必须具有真实的交易关系和债权债务关系,不得无偿取得。 （　　）

32. 无民事行为能力人或限制民事行为能力人在票据上的签章无效,但不影响其他签章效力。 （　　）

33. 票据和结算凭证的金额、出票或签发日期、收款人名称一般不应更改,如需要更改,应在更改处加盖单位或个人签章证明,否则银行不予受理。 （　　）

34. 单位收到现金收入,只能在收到现金的当日送存开户银行。 （　　）

35. 国务院有关部门有权根据国家有关法律法规,制定本部门或本系统的货币资金内部控制规定。 （　　）

四、案例分析题

（一）朝阳公司（以下简称公司）是一家有限责任制公司,2021年该公司发生了下列事项:

（1）7月28日,由于向农民收购农副产品急需大量现金,经总经理赵某批准,从公司当日的现金收入中直接支取8万元,从财政科科长孙某个人的存折上取出属于公司的现金5万元,再向公司出纳借库存现金1万元。出纳将这笔款项打了白条。

（2）10月12日,签发支票一张,填写的出票日期为"零壹拾月拾贰日"字样,出票大写金额为"叁万零壹佰伍拾元正"字样。

1. 下列选项中,违反开户单位现金使用规定的有（　　）。

    A. 用现金向农民收购农副产品

    B. 从公司现金收入中坐支现金

    C. 将公司自有现金存在孙某个人账户上

    D. 出纳将借出的1万元库存现金打白条

2. 若银行明知孙某所存现金属于公司,根据《人民币银行结算账户管理办法》的规定,应对银行处以（　　）的罚款。

    A. 1 000元

    B. 5 000元以上3万元以下

    C. 1万元以上3万元以下

    D. 5万元以上30万元以下

3. 关于公司支票的填写,下列说法中,正确的有（　　）。

    A. 该支票的出票日期既可以使用中文大写,也可以使用阿拉伯数字填写

    B. 该支票的出票日期的正确写法为"零壹拾月零壹拾贰日"

    C. 若该支票的出票日期未按要求规范填写,银行可予以受理,但由此造成的损失,由出票人自行承担

    D. 该支票中的中文大写金额填写错误

4. 下列各项中,可以转入个人账户的有(　　)。

    A. 工资、奖金收入

    B. 债券、期货、信托等投资的本金和收益

    C. 纳税退还款

    D. 农、副、矿产品销售收入

5. 根据《人民币银行结算账户管理办法》的规定,对孙某应处以(　　)的罚款。

    A. 1 000 元

    B. 5 000 元以上 3 万元以下

    C. 1 万元以上 3 万元以下

    D. 5 万元以上 30 万元以下

(二) 甲公司于 2021 年在物资采购中,有关票据方面发生如下情况:

(1) 甲公司销售给乙公司一批货物,按合同约定如期交货,乙公司签发了一张金额为 30 万元的转账支票,交给甲公司。甲公司到银行提示付款时,发现该支票是空头支票。甲公司认为,对乙公司应处以罚款,并有权要求乙公司给予经济赔偿。

(2) 甲公司某采购人员持该公司开户银行签发的注明"现金"字样的银行本票,购置一批物资。由于该采购人员保管不慎,将银行本票丢失。随后,甲公司采取了一系列的措施。

要求:根据上述资料,回答下列问题。

1. 甲公司票据丧失后最终采取的补救措施,可通过(　　)实现。

    A. 人民法院　　　　　　　　　　B. 中国人民银行

    C. 财政机关　　　　　　　　　　D. 公安机关

2. 根据《票据法》的规定,对于票据遗失行为,甲公司可以采取的措施不属于暂时性预防措施的是(　　)。

    A. 公示催告　　　　　　　　　　B. 普通诉讼

    C. 挂失止付　　　　　　　　　　D. 刊登遗失声明

3. 甲公司可以获得的赔偿数额是(　　)元。

    A. 1 000　　　　B. 6 000　　　　C. 10 000　　　　D. 15 000

4. 按照法律规定,有关部门对乙公司开具空头支票的行为的罚款数额是(　　)元。

    A. 1 000　　　　B. 6 000　　　　C. 10 000　　　　D. 15 000

5. 对于乙公司的行为,应当由(　　)进行处罚。

    A. 财政部门　　　　　　　　　　B. 甲公司开户银行

    C. 中国人民银行　　　　　　　　D. 乙公司开户银行

第三章 税收法律制度

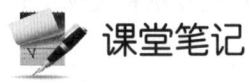 学习目标

1. 了解税收的概念及其分类
2. 了解税法及其构成要素
3. 熟悉税收征管的具体规定,包括税务登记管理、发票的要求、纳税申报及方式、税款征收方式等规定
4. 掌握增值税、消费税、企业所得税和个人所得税的相关原理及应纳税额的计算
5. 了解个人所得税专项附加扣除的具体规定

课堂笔记

第一节 税 收 概 述

一、税收的概念与分类

(一) 税收的概念与作用

税收是国家为了满足社会公共需要,凭借政治权力,按照国家法律规定,强制、无偿地取得财政收入的一种特定分配方式。

税收的作用主要表现在以下四个方面:

(1) 税收是国家组织财政收入的主要形式;

(2) 税收是国家调控经济运行的重要手段;

(3) 税收具有维护国家政权的作用;

(4) 税收是国际经济交往中维护国家利益的可靠保证。

(二) 税收的特征

强制性是指国家以社会管理者的身份,凭借政权力量,通过颁布法律或法规,按照

一定的征收标准进行强制征税。

无偿性是指国家取得税收收入既不需偿还，也不需对纳税人付出任何对价。

固定性是指国家征税以法律形式预先规定征税范围和征收比例，便于征纳双方共同遵守。

（三）税收的分类

（1）按征税对象分类，可将全部税收划分为流转税类、所得税类、财产税类、资源税类和行为税类五种类型。

（2）按征收管理的分工体系分类，税收可分为工商税类和关税类。

（3）按计税标准的不同分类，税收可分为从价税、从量税和复合税。

二、税法及构成要素

税法即税收法律制度，是调整税收关系的法律规范的总称，是国家法律的重要组成部分。

（1）按照税法功能作用的不同分类，税法可分为税收实体法和税收程序法。

（2）按照主权国家行使税收管辖权的不同分类，税法可分为国内税法、国际税法和外国税法。

（3）按照税法法律级次分类，税法可分为税收法律、税收法规、税收规章和税收规范性文件。

税法要素一般包括纳税义务人、征税对象、税目、税率、计税依据、纳税环节、纳税期限、纳税地点、税收优惠、法律责任等。

第二节 主 要 税 种

一、增值税

（一）增值税的概念与分类

增值税是以销售货物、提供加工修理修配劳务或者发生应税行为过程中产生的增值额作为计税依据而征收的一种流转税。

按照外购固定资产处理方式的不同，可以将增值税划分为消费型增值税、收入型增值税和生产型增值税三种类型。

（二）增值税征税范围

1. 征税范围

（1）销售货物。

（2）提供加工、修理修配劳务。

（3）进口货物。

（4）销售服务。

（5）销售无形资产。

（6）销售不动产。

2. 征收范围的特殊规定

（1）单位或个体工商户的下列行为，视同销售货物：①将货物交付其他单位或者个人代销；②销售代销货物；③设有两个以上机构并实行统一核算的纳税人，将货物从一个机构移送其他机构用于销售，但相关机构设在同一县（市）的除外；④将自产或委托加工的货物用于非增值税应税项目；⑤将自产或委托加工的货物用于集体福利或个人消费；⑥将自产、委托加工或购买的货物分配给股东或投资者；⑦将自产、委托加工或购买货物作为投资，提供给其他单位或个体经营者；⑧将自产、委托加工或购买的货物无偿赠送其他单位或个人。

（2）下列情形视同销售服务、无形资产或者不动产：①单位和个体工商户向其他单位或者个人无偿提供服务，但用于公益事业或者以社会公众为对象的除外；②单位或者个人向其他单位或者个人无偿转让无形资产或者不动产，但用于公益事业或者以社会公众为对象的除外；③财政部和国家税务总局规定的其他情形。

（3）一项销售行为如果既涉及服务又涉及货物，为混合销售。从事货物的生产、批发或者零售的单位和个体工商户的混合销售行为，按照销售货物缴纳增值税；其他单位和个体工商户的混合销售行为，按照销售服务缴纳增值税。

（4）纳税人发生兼营行为，应当分别核算适用不同税率或者征收率的销售额；未分别核算的，按照以下方法适用税率或者征收率：①兼有不同税率的销售货物、加工修理修配劳务、服务、无形资产或者不动产，从高适用税率；②兼有不同征收率的销售货物、加工修理修配劳务、服务、无形资产或者不动产，从高适用征收率；③兼有不同税率和征收率的销售货物、加工修理修配劳务、服务、无形资产或者不动产，从高适用税率。（取高）

（三）一般纳税人

纳税人自一般纳税人认证生效之日起，按照增值税一般计税方法计算应纳税额，并可以按照规定领用增值税专用发票，另有规定的除外。

纳税人登记为一般纳税人后，不得转为小规模纳税人，国家税务总局另有规定的除外。

（四）小规模纳税人

小规模纳税人会计核算健全，能够提供准确税务资料的，可以向税务机关申请登记为一般纳税人，不再作为小规模纳税人。

（五）增值税的扣缴义务人

境外单位或者个人在境内提供应税服务，在境内未设有经营机构的，扣缴义务人按照下列公式计算应扣缴税额：

$$应扣缴税额＝接受方支付的价款÷(1＋税率)×税率$$

（六）增值税税率和征收率

1．增值税税率

1）基本税率

<u>13％</u>：纳税人销售或进口货物（适用 9％ 的低税率的除外），提供加工、修理修配劳务，以及有形动产租赁。

2）低税率

（1）<u>9％</u>：一般纳税人销售或进口下列货物的：①粮食等农产品、食用植物油、食用盐；②自来水、暖气、冷气、热水、煤气、石油液化气、天然气、二甲醚、沼气和居民用煤炭制品；③图书、报纸、杂志、音像制品、电子出版物；④饲料、化肥、农药、农机、农膜；⑤国务院规定的其他货物。

（2）<u>9％</u>：提供交通运输业服务、邮政业服务、基础电信服务、建筑业服务、不动产租赁服务，销售不动产，转让土地使用权。

（3）<u>6％</u>：销售增值电信服务、金融服务、现代服务和生活服务，销售土地使用权以外的无形资产。

3）零税率

（1）纳税人出口货物，一般适用零税率，国务院另有规定的除外。

（2）跨境销售服务、无形资产或者不动产行为的，税率为零，具体范围由财政部和国家税务总局另行规定。

2．征收率

<u>3％</u>：小规模纳税人，财政部和国家税务总局另有规定的除外。

3．免征增值税

（1）农业生产者销售的自产农业产品。

（2）避孕药品和用具。

（3）古旧图书。

（4）直接用于科学研究、科学试验和教学的进口仪器、设备。

（5）外国政府、国际组织无偿援助的进口物资和设备。

（6）由残疾人组织直接进口供残疾人专用的物品。

（7）销售的自己使用过的物品。

（七）增值税一般纳税人应纳税额的计算

一般纳税人应纳税额的计算公式为：

$$应纳税额 ＝ 当期销项税额 － 当期进项税额$$

或

$$应纳税额 ＝ 当期销售额×增值税税率 － 当期进项税额$$

销项税额的计算公式为：

$$销项税额 = 销售额 \times 税率$$

销售额的换算公式为：

$$不含税销售额 = 含税销售额 \div (1 + 增值税税率)$$

组成计税价格的计算公式为：

$$组成计税价格 = 成本 \times (1 + 成本利润率) + 消费税税额$$

进口货物的应纳税额和组成计税价格计算公式为：

$$应纳税额 = 组成计税价格 \times 税率$$

$$组成计税价格 = 关税完税价格 + 关税 + 消费税 = (关税完税价格 + 关税) \div (1 - 消费税税率)$$

1. 准予抵扣的进项税额

（1）销售方取得的增值税专用发票（含税控机动车销售统一发票）上注明的增值税税额。

（2）从海关取得的海关进口增值税专用缴款书上注明的增值税税额。

（3）纳税人购进农产品，按下列规定抵扣进项税额：

① 取得一般纳税人开具的增值税专用发票或海关进口增值税专用缴款书的，以增值税专用发票或海关进口增值税专用缴款书上注明的增值税税额为进项税额；

② 从按照简易计税方法依照3%征收率计算缴纳增值税的小规模纳税人取得增值税专用发票的，以增值税专用发票上注明的金额和9%的扣除率计算进项税额；

③ 取得（开具）农产品销售发票或收购发票的，以农产品销售发票或收购发票上注明的农产品买价和9%的扣除率计算进项税额；

④ 一般纳税人购进用于生产或者委托加工13%税率货物的农产品，按照10%扣除率计算进项税额。

（4）从境外单位或者个人购进服务、无形资产或者不动产，自税务机关或者扣缴义务人取得的解缴税款的完税凭证上注明的增值税税额。

2. 不得从销项税额中抵扣的进项税额

（1）用于简易计税方法计税项目、免征增值税项目、集体福利或者个人消费的购进货物、加工修理修配劳务、服务、无形资产和不动产。

（2）非正常损失的购进货物，以及相关的加工修理修配劳务和交通运输服务。

（3）非正常损失的在产品、产成品所耗用的购进货物（不包括固定资产）、加工修理修配劳务和交通运输服务。

（4）非正常损失的不动产，以及该不动产所耗用的购进货物、设计服务和建筑服务。

（5）非正常损失的不动产在建工程所耗用的购进货物、设计服务和建筑服务，纳税人新建、改建、扩建、修缮、装饰不动产，均属于不动产在建工程。

（6）购进的贷款服务、餐饮服务、居民日常服务和娱乐服务。

（7）财政部和国家税务总局规定的其他情形。

（八）增值税小规模纳税人应纳税额的计算

应纳税额的计算公式为：

$$应纳税额 = 销售额 \times 征收率$$

销售额的换算公式为：

$$销售额 = 含税销售额 \div (1 + 征收率)$$

（九）增值税征收管理

1. 纳税义务发生的时间

（1）为收讫销售款项或者取得索取销售款项凭据的当天；先开具发票的，为开具发票的当天。按销售结算方式的不同，具体规定如下：

① 采取直接收款方式销售货物或者提供应税服务，不论货物是否发出，均为收到销售款或取得索取销售款凭据的当天。

② 采取托收承付和委托银行收款方式销售货物，为发出货物并办妥托收手续的当天。

③ 采用赊销和分期收款方式销售货物，为按合同约定的收款日期的当天。

④ 采取预收货款方式销售货物，为货物发出的当天；但销售生产工期超过 12 个月的大型机械设备、船舶、飞机等货物，为收到预收款或者书面合同约定的收款日期的当天。

⑤ 委托其他纳税人代销货物，为收到代销单位销售的代销清单或者收到全部或者部分货款的当天。未收到代销清单及货款的，为发出代销货物满 180 天的当天。

⑥ 纳税人发生视同销售货物行为的，为货物移送的当天。

⑦ 纳税人提供租赁服务采取预收款方式的，为收到预收款的当天。

⑧ 纳税人从事金融商品转让的，为金融商品所有权转移的当天。

⑨ 纳税人发生视同销售服务、无形资产或者不动产行为的，为销售服务、无形资产转让完成的当天或者不动产权属变更的当天。

（2）纳税人进口货物，纳税义务发生时间为报关进口的当天。

（3）增值税扣缴义务发生时间为纳税人增值税纳税义务发生的当天。

2. 纳税期限

纳税人以 1 个月或 1 个季度为一个纳税期的，自期满之日起 15 日内申报纳税；以 1 日、3 日、5 日、10 日或 15 日为一个纳税期的，自期满之日起 5 日内预缴税款，于次月 1 日起 15 日内申报纳税并结清上月应纳税款。

纳税人进口货物，应当自海关填发海关进口增值税专用缴款书之日起 15 日内缴纳税款。

3. 纳税地点

纳税人在发生纳税义务后，一般应在其所在地缴纳增值税；由于纳税人情况不同，为有利于加强核算和征管，具体规定为：

（1）固定业户应当向其机构所在地主管税务机关申报纳税。总机构和分支机构不在同一县（市）的，应当分别向各自所在地主管税务机关申报纳税；经国务院财政、税务主管部门或其授权的财政、税务机关批准，可以由总机构汇总向总机构所在地主管税务机关申报纳税。

固定业户到外县（市）销售货物或者应税劳务，应当向其机构所在地主管税务机关申请开具外出经营活动税收管理证明，并向其机构所在地主管税务机关申报纳税；未开具该证明的，应当向销售地或者劳务发生地的主管税务机关申报纳税。

（2）非固定业户应当向应税行为发生地的主管税务机关申报纳税；未申报纳税的，由其机构所在地或者居住地的主管税务机关补征税款。

（3）其他个人提供建筑服务，销售或者租赁不动产，转让自然资源使用权，应向建筑服务发生地、不动产所在地、自然资源所在地主管税务机关申报纳税。

（4）扣缴义务人应当向其机构所在地或者居住地主管税务机关申报缴纳其扣缴的税款。

二、消费税

（一）消费税的概念、税目和税率

消费税是对在我国境内从事生产、委托加工和进口应税消费品的单位和个人，就其销售额或销售数量，在特定环节征收的一种税。

消费税税目与税率如表 3-1 所示。

表 3-1　　　　　　　　　　　消费税税目税率（税额）

税　目	税　率
一、烟 1. 卷烟 （1）甲类卷烟（生产环节） （2）乙类卷烟（生产环节） （3）商业批发（批发环节） 2. 雪茄烟（生产环节） 3. 烟丝（生产环节）	 56%加 0.003 元/支 36%加 0.003 元/支 11%加 0.005 元/支 36% 30%
二、酒及酒精 1. 白酒 2. 黄酒 3. 啤酒 （1）甲类啤酒 （2）乙类啤酒 4. 其他酒类	 20%加 0.5 元/500 克（或者 500 毫升） 240 元/吨 250 元/吨 220 元/吨 10%
三、高档化妆品	15%
四、贵重首饰及珠宝玉石 1. 金银首饰、铂金首饰和钻石及钻石饰品（零售环节） 2. 其他贵重首饰和珠宝玉石	 5% 10%

（续表）

税　　目	税　　率
五、鞭炮、焰火	15%
六、成品油 1.汽油 2.柴油 3.航空煤油 4.石脑油 5.溶剂油 6.润滑油 7.燃料油	1.52元/升 1.20元/升 1.20元/升 1.52元/升 1.52元/升 1.52元/升 1.20元/升
七、摩托车 1.气缸容量（排气量，下同）在250毫升的 2.气缸容量在250毫升（不含）以上的	3% 10%
八、小汽车 1.乘用车 （1）气缸容量（排气量，下同）在1.0升（含1.0升）以下的 （2）气缸容量在1.0～1.5升（含1.5升）的 （3）气缸容量在1.5～2.0升（含2.0升）的 （4）气缸容量在2.0～2.5升（含2.5升）的 （5）气缸容量在2.5～3.0升（含3.0升）的 （6）气缸容量在3.0～4.0升（含4.0升）的 （7）气缸容量在4.0升以上的 2.中轻型商用客车 3.超豪华小汽车（零售环节）	1% 3% 5% 9% 12% 25% 40% 5% 10%
九、高尔夫球及球具	10%
十、高档手表	20%
十一、游艇	10%
十二、木制一次性筷子	5%
十三、实木地板	5%
十四、电池	4%
十五、涂料	4%

（二）消费税应纳税额

1. 从价定率计征

消费税应纳税额的计算公式为：

$$应纳税额 ＝ 应税消费品的销售额 \times 比例税率$$

含增值税的销售额与不含增值税的销售额的换算公式为：

$$应税消费品的销售额 ＝ 含增值税的销售额 \div （1＋增值税税率或征收率）$$

2. 从量定额计征

消费税应纳税额的计算公式为：

$$应纳税额 ＝ 应税消费品的销售数量 \times 单位税额$$

3. 从价从量复合计征

消费税应纳税额的计算公式为：

$$应纳税额 ＝ 销售额 \times 比例税率 ＋ 销售数量 \times 定额税率$$

4. 应税消费品已纳税款扣除

（1）以外购的已纳税消费品为原料连续生产销售的应税消费品，在计税时可按当期生产领用数量计算准予扣除外购应税消费品已纳的消费税税款。

（2）委托加工的应税消费品收回后直接出售的，不再征收消费税。委托方收回货物后用于连续生产应税消费品的，其已纳税款准予按照规定从连续生产的应税消费品应纳消费税税额中抵扣。

5. 自产自用应税消费品应纳税额

纳税人自产自用应税消费品用于连续生产应税消费品的，不纳税；凡用于其他方面的，应按照纳税人生产的同类消费品的销售价格计算纳税，没有同类消费品销售价格的，按照组成计税价格计算纳税。

（1）实行从价定率办法计算纳税的组成计税价格计算公式为：

$$组成计税价格 ＝ （成本 ＋ 利润）÷（1 － 比例税率）$$

（2）实行复合计税办法计算纳税的组成计税价格计算公式为：

$$组成计税价格 ＝ （成本 ＋ 利润 ＋ 自产自用数量 \times 定额税率）÷（1 － 比例税率）$$

6. 委托加工应税消费品应纳税额

委托加工的应税消费品，按照受托方的同类消费品的销售价格计算纳税；没有同类消费品销售价格的，按照组成计税价格计算纳税。

（1）实行从价定率办法计算纳税的组成计税价格计算公式为：

$$组成计税价格 ＝ （材料成本 ＋ 加工费）÷（1 － 比例税率）$$

（2）实行复合计税办法计算纳税的组成计税价格计算公式为：

$$组成计税价格 ＝ （材料成本 ＋ 加工费 ＋ 委托加工数量 \times 定额税率）÷（1 － 比例税率）$$

7. 进口环节应纳消费税的计算

纳税人进口应税消费品，按照组成计税价格和规定的税率计算应纳税额。

进口的应税消费品，若为从价征收，则应按照组成计税价格计算纳税；若为从量征收，则应按照海关核定的应纳消费品进口征税数量计算纳税。

（1）实行从价定率办法计算纳税的进口应税消费品应纳税额的计算公式为：

$$应纳税额＝组成计税价格×比例税率$$

$$组成计税价格＝（关税完税价格＋关税）÷（1－比例税率）$$

（2）实行从量定额办法计算纳税的进口应税消费品应纳税额的计算公式为：

$$应纳税额＝海关核定的应税消费品的进口数量×定额税率$$

（3）实行复合计税办法计算纳税的进口应税消费品应纳税额的计算公式为：

$$应纳税额＝组成计税价格×比例税率＋海关核定的应税消费品的进口数量×定额税率$$

$$组成计税价格＝（关税完税价格＋关税＋海关核定的应税消费品的进口数量$$

$$×定额税率）÷（1－比例税率）$$

（三）消费税征收管理

1. 纳税义务发生时间

（1）纳税人生产销售的应税消费品的纳税义务发生时间确定方法如下：①纳税人采取赊销和分期收款结算方式的，为书面合同约定的收款日期的当天，书面合同没有约定收款日期或无书面合同的，为发出应税消费品的当天；②纳税人采取预收货款结算方式的，为发出应税消费品的当天；③纳税人采取托收承付和委托银行付款方式销售的应税消费品，为发出应税消费品并办妥手续的当天；④纳税人采取其他方式结算的，为收讫销售款或取得索取销售款凭证的当天。

（2）纳税人自产自用的应税消费品，为移送使用的当天。

（3）纳税人委托加工的应税消费品，为纳税人提货的当天。

（4）纳税人进口的应税消费品，为消费品报关进口的当天。

2. 纳税期限

纳税人以1个月或1个季度为一个纳税期的，自期满之日起15日内申报纳税；以1日、3日、5日、10日或15日为一个纳税期的，自期满之日起5日内预缴税款，于次月1日起15日内申报纳税并结清上月应纳税款。

纳税人进口应税消费品，应当自海关填发海关进口消费税专用缴款书之日起15日内缴纳税款。

3. 纳税地点

（1）纳税人销售的应税消费品及自产自用的应税消费品，除国家另有规定的外，应当向纳税人机构所在地或者居住地的主管税务机关申报纳税。

（2）委托加工应税消费品的，受托方为个人的，由委托方向机构所在地或者居住地的主管税务机关申报纳税；除受托方为个人外，由受托方向机构所在地或者居住地的主管税务机关缴纳消费税税款。

（3）进口的应税消费品，由进口人或代理人向报关地海关申报纳税。

（4）纳税人到外县（市）销售或委托外县（市）代销自产应税消费品的，于应税消费品销售后，向机构所在地或居住地主管税务机关申报纳税。

（5）纳税人销售的应税消费品，如因质量等原因，由购买者退回时，经由所在地主管税务机关审核批准后,可退还已征收的消费税税款,但不能自行直接抵减应纳消费税税款。

三、企业所得税

(一)企业所得税的概念和征税对象

企业所得税是对企业生产经营所得和其他所得征收的一种所得税。

企业所得税征税对象是指企业的生产经营所得和其他所得。

居民企业应当就其来源于中国境内、境外的所得缴纳企业所得税。

注意:

非居民企业在中国境内设立机构、场所的,应当就其所设机构、场所取得的来源于中国境内的所得,以及发生在中国境外但与其所设机构、场所有实际联系的所得,缴纳企业所得税。非居民企业在中国境内未设立机构、场所的,或者虽设立机构、场所但取得的所得与其所设机构、场所没有实际联系的,应当就其来源于中国境内的所得缴纳企业所得税。

(二)企业所得税税率

(1)25%:适用于居民企业和在中国境内设有机构、场所且所得与机构、场所有关联的非居民企业。

(2)20%:符合条件的小型微利企业。

(3)15%:国家重点扶持的高新技术企业。

(4)适用税率为20%,但实际征税时减按10%:非居民企业在中国境内未设立机构、场所的,或者虽设立机构、场所但取得的所得与其所设机构、场所没有实际联系的所得。

(三)企业所得税应纳税所得额

(1)直接计算法下的计算公式为:

$$应纳税所得额 = 收入总额 - 不征税收入 - 免税收入 - 各项扣除 - 以前年度亏损$$

(2)间接计算法下的计算公式为:

$$应纳税所得额 = 利润总额 \pm 纳税调整项目金额$$

(四)企业所得税征收管理

1.纳税地点

(1)除税收法律、行政法规另有规定外,居民企业以企业登记注册地为纳税地点;但登记注册地在境外的,以实际管理机构所在地为纳税地点。

居民企业在中国境内设立不具有法人资格的营业机构的,应当汇总计算并缴纳企业所得税。

（2）非居民企业在中国境内设立机构、场所的,应当就其所设机构、场所取得的来源于中国境内的所得,以及发生在中国境外但与其所设机构、场所有实际联系的所得,以机构、场所所在地为纳税地点。非居民企业在中国境内设立两个或者两个以上机构、场所的,经税务机关审核批准,可以选择由其主要机构、场所汇总缴纳企业所得税。

在中国境内未设立机构、场所的,或者虽设立机构、场所但取得的所得与其所设机构、场所没有实际联系的非居民企业,以扣缴义务人所在地为纳税地点。

2. 纳税期限

企业所得税按年计征,分月或分季预缴,年度终了之日起 5 个月内汇算清缴,多退少补。

企业所得税按纳税年度计算。纳税年度自每年公历 1 月 1 日起至 12 月 31 日止。企业在一个纳税年度中间开业,或者中止经营活动,使该纳税年度的实际经营期不足 12 个月的,应当以其实际经营期为一个纳税年度。企业依法清算时,应当以清算期间作为一个纳税年度。

3. 纳税申报

企业应当自月份或季度终了之日起 15 日内,向税务机关报送预缴企业所得税纳税申报表,预缴税款。企业应当自年度终了之日起 5 个月内,向税务机关报送年度企业所得税纳税申报表,并汇算清缴,结清应缴应退税款。企业在年度中间中止经营活动的,应当自实际经营中止之日起 60 日内,向税务机关办理当期企业所得税汇算清缴。

四、个人所得税

(一) 个人所得税的概念和范围

个人所得税是以个人取得的各项应税所得为征税对象征收的一种税。其征税范围如下:

（1）工资、薪金所得。

（2）劳务报酬所得。

（3）稿酬所得。

（4）特许权使用费所得。

（5）经营所得。

（6）利息、股息、红利所得。

（7）财产租赁所得。

（8）财产转让所得。

（9）偶然所得。

居民个人取得上述第(1)～第(4)项所得(以下称综合所得),按纳税年度合并计算个人所得税;非居民个人取得上述第(1)～第(4)项所得,按月或者按次分项计算个人所得税。

(二) 个人所得税税率

(1) 综合所得,适用3%～45%的超额累进税率,如表3-2所示。

表3-2　　　　　　　　　　居民个人综合所得适用税率

级　数	全年应纳税所得额	税率	速算扣除数
1	不超过36 000元的	3%	0
2	超过36 000元至144 000元的部分	10%	2 520
3	超过144 000元至300 000元的部分	20%	16 920
4	超过300 000元至420 000元的部分	25%	31 920
5	超过420 000元至660 000元的部分	30%	52 920
6	超过660 000元至960 000元的部分	35%	85 920
7	超过960 000元的部分	45%	181 920

注:本表所称"全年应纳税所得额"是指依照法律规定,居民个人取得综合所得以每一纳税年度收入额减除费用6万元以及专项扣除、专项附加扣除和依法确定的其他扣除后的余额。

(2) 非居民个人取得工资、薪金所得,劳务报酬所得,稿酬所得和特许权使用费所得,适用3%～45%的超额累进税率,如表3-3所示(依照表3-2按月换算后得出)。

表3-3　　　　　　非居民个人取得工资、薪金所得,劳务报酬所得,
稿酬所得和特许权使用费所得适用税率

级　数	全月应纳税所得额	税率	速算扣除数
1	不超过3 000元的	3%	0
2	超过3 000元至12 000元的部分	10%	210
3	超过12 000元至25 000元的部分	20%	1 410
4	超过25 000元至35 000元的部分	25%	2 660
5	超过35 000元至55 000元的部分	30%	4 410
6	超过55 000元至80 000元的部分	35%	7 160
7	超过80 000元的部分	45%	15 160

(3) 经营所得,适用5%～35%的超额累进税率,如表3-4所示。

表3-4　　　　　　　　　　经营所得适用税率

级　数	全年应纳税所得额	税率	速算扣除数
1	不超过30 000元的	5%	0
2	超过30 000元至90 000元的部分	10%	1 500
3	超过90 000元至300 000元的部分	20%	10 500
4	超过300 000元至500 000元的部分	30%	40 500
5	超过500 000元的部分	35%	65 500

注:本表所称"全年应纳税所得额"是指依照法律规定,以每一纳税年度的收入总额减除成本、费用及损失后的余额。

(4) 财产租赁所得,财产转让所得,利息、股息、红利所得和偶然所得,适用比例税率,税率为 20%。

💡 **注意:**

(1) 暂免征收储蓄存款利息所得的个人所得税。

(2) 对个人出租住房取得的所得暂减按 10% 的税率征收个人所得税。

(三) 个人所得税应纳税额

(1) 居民个人的计算公式为:

$$应纳税额 = 应纳税所得额 \times 适用税率 - 速算扣除数$$

$$应纳税所得额 = 年收入额 - 60\,000 - 专项扣除 - 专项附加扣除 - 其他法定扣除项目$$

(2) 非居民个人的计算公式为:

$$工资薪金应纳税额 = 应纳税所得额 \times 适用税率 - 速算扣除数$$
$$= (月收入额 - 5\,000) \times 适用税率 - 速算扣除数$$
$$劳务报酬应纳税额 = 应纳税所得额 \times 适用税率 - 速算扣除数$$
$$= 收入额 \times (1 - 20\%) \times 适用税率 - 速算扣除数$$
$$稿酬所得应纳税额 = 应纳税所得额 \times 适用税率 - 速算扣除数$$
$$= 收入额 \times (1 - 20\%) \times (1 - 30\%) \times 适用税率 - 速算扣除数$$
$$特许权使用费应纳税额 = 应纳税所得额 \times 比例税率$$
$$= 收入额 \times (1 - 20\%) \times 适用税率 - 速算扣除数$$

(3) 经营所得的计算公式为:

$$应纳税额 = 应纳税所得额 \times 适用税率 - 速算扣除数$$
$$= (纳税年度收入总额 - 成本、费用及损失) \times 适用税率 - 速算扣除数$$

(4) 财产租赁所得的计算公式分别为:

① 每次(月)收入不足 4 000 元的:

$$应纳税额 = [每次(月)收入额 - 准予扣除项目 - 修缮费用(800 元为限) - 800] \times 20\%$$

② 每次(月)收入在 4 000 元以上的:

$$应纳税额 = [每次(月)收入额 - 准予扣除项目 - 修缮费用(800 元为限)] \times (1 - 20\%) \times 20\%$$

(5) 财产转让所得的计算公式为:

$$应纳税额 = 应纳税所得额 \times 适用税率$$
$$= (收入总额 - 财产原值 - 合理费用) \times 20\%$$

(6) 利息、股息、红利所得和偶然所得的计算公式为:

$$应纳税额 = 应纳税所得额 \times 适用税率$$
$$= 每次收入额 \times 20\%$$

（四）免征个人所得税的项目

（1）省级人民政府、国务院部委和中国人民解放军军以上单位，以及外国组织、国际组织颁发的科学、教育、技术、文化、卫生、体育、环境保护等方面的奖金。

（2）国债和国家发行的金融债券利息。

（3）按照国家统一规定发给的补贴、津贴。

（4）福利费、抚恤金、救济金。

（5）保险赔款。

（6）军人的转业费、复员费、退役金。

（7）按照国家统一规定发给干部、职工的安家费、退职费、基本养老金或者退休费、离休费、离休生活补助费。

（8）依照我国有关法律规定应予免税的各国驻华使馆、领事馆的外交代表、领事官员和其他人员的所得。

（9）中国政府参加的国际公约、签订的协议中规定免税的所得。

（10）国务院规定的其他免税所得。

（五）个人所得税的征收管理

1. 自行申报

纳税义务人有下列情形之一的，应当按照规定到主管税务机关办理纳税申报。

（1）取得综合所得需要办理汇算清缴。

（2）取得应税所得没有扣缴义务人。

（3）取得应税所得，扣缴义务人未扣缴税款。

（4）取得境外所得。

（5）因移居境外注销中国户籍。

（6）非居民个人在中国境内从两处以上取得工资、薪金所得。

（7）国务院规定的其他情形。

2. 代扣代缴

代扣代缴，是指按照税法规定负有扣缴税款义务的单位或个人，在向个人支付应纳税所得时，应计算应纳税额，从其所得中扣除并缴入国库，同时向税务机关报送扣缴个人所得税报告表。

3. 纳税期限

（1）居民个人取得综合所得，按年计算个人所得税；有扣缴义务人的，由扣缴义务人按月或者按次预扣预缴税款；需要办理汇算清缴的，应当在取得所得的次年 3 月 1 日至 6 月 30 日内办理汇算清缴。非居民个人取得工资、薪金所得，劳务报酬所得，稿酬所得和特许权使用费所得，有扣缴义务人的，由扣缴义务人按月或者按次代扣代缴税款，不办理汇算清缴。

（2）纳税人取得经营所得，按年计算个人所得税，由纳税人在月度或者季度终了后 15 日内向税务机关报送纳税申报表，并预缴税款；在取得所得的次年 3 月 31 日前办理汇算清缴。纳税人取得利息、股息、红利所得，财产租赁所得，财产转让所得和偶然所得，按月或者按次计算个人所得税，有扣缴义务人的，由扣缴义务人按月或者按次代扣代缴税款。

（3）纳税人取得应税所得没有扣缴义务人的，应当在取得所得的次月15日内向税务机关报送纳税申报表，并缴纳税款。纳税人取得应税所得，扣缴义务人未扣缴税款的，纳税人应当在取得所得的次年6月30日前缴纳税款；税务机关通知限期缴纳的，纳税人应当按照期限缴纳税款。

（4）扣缴义务人每月或者每次预扣、代扣的税款，应当在次月15日内缴入国库，并向税务机关报送扣缴个人所得税申报表。

第三节　税收征收管理

一、税务登记

开业登记又称设立登记，是指从事生产、经营的纳税人，经市场监督管理部门批准开业后办理的纳税登记。

变更登记，是指纳税人办理设立税务登记后，因登记内容发生变化，需要对原有登记内容进行更改，而向主管税务机关申请办理的税务登记。变更登记的主要目的在于及时掌握纳税人的生产经营情况，减少税款的流失。

实行定期定额征收方式的纳税人，在营业执照核准的经营期限内需要停业的，应当在停业前向税务机关申报办理停业登记。

纳税人应当于恢复生产经营之前，向税务机关申报办理复业登记，如实填写《停、复业报告书》，领回并启用税务登记证件、发票领购簿及其停业前领购的发票。

注销登记，是指纳税人由于法定的原因终止纳税义务时，向原税务机关申请办理的取消税务登记的手续。办理注销税务登记后，该当事人不再接受原税务机关的管理。

二、发票开具与管理

（一）发票概述

发票，是指在购销商品、提供或者接受服务，以及从事其他经营活动中，开具、收取的收付款凭证。

发票的基本内容包括发票的名称、发票代码和号码、联次及用途、客户名称、开户银行及账号、商品名称或经营项目、计量单位、数量、单价、大小写金额、开票人、开票日期、开票单位（个人）名称（章）等。

（二）发票的种类

（1）增值税专用发票，是增值税一般纳税人发生应税销售行为开具的发票。

（2）增值税普通发票包括增值税普通发票、增值税电子普通发票和增值税普通发票（卷票），主要是增值税小规模纳税人使用。增值税一般纳税人在不能开具专用发票的情况下也可使用普通发票。

（3）其他发票包括农产品收购发票、农产品销售发票、门票、收费公路通行费电子普通发票、定额发票、客运发票和二手车销售统一发票等。

（三）违反发票管理法规的法律责任

（1）有下列情形之一的，由税务机关责令改正，可以处1万元以下的罚款；有违法所得的予以没收：①应当开具而未开具发票，或者未按照规定的时限、顺序、栏目，全部联次一次性开具发票，或者未加盖发票专用章的；②使用税控装置开具发票，未按期向主管税务机关报送开具发票的数据的；③使用非税控电子器具开具发票，未将非税控电子器具使用的软件程序说明资料报主管税务机关备案，或者未按照规定保存、报送开具发票的数据的；④拆本使用发票的；⑤扩大发票使用范围的；⑥以其他凭证代替发票使用的；⑦跨规定区域开具发票的；⑧未按照规定缴销发票的；⑨未按照规定存放和保管发票的。

（2）跨规定的使用区域携带、邮寄、运输空白发票，以及携带、邮寄或者运输空白发票出入境的，由税务机关责令改正，可以处1万元以下的罚款；情节严重的，处1万元以上3万元以下的罚款；有违法所得的予以没收。丢失发票或者擅自损毁发票的，依照上述规定进行处罚。

（3）违反规定虚开发票的，由税务机关没收违法所得；虚开金额在1万元以下的，可以并处5万元以下的罚款；虚开金额超过1万元的，并处5万元以上50万元以下的罚款；构成犯罪的，依法追究刑事责任。非法代开发票的，依照上述规定处罚。

（4）私自印制、伪造、变造发票，非法制造发票防伪专用品，伪造发票监制章的，由税务机关没收违法所得，没收、销毁作案工具和非法物品，并处1万元以上5万元以下的罚款；情节严重的，并处5万元以上50万元以下的罚款；对印制发票的企业，可以并处吊销发票准印证；构成犯罪的，依法追究刑事责任。

（5）有下列情形之一的，由税务机关处1万元以上5万元以下的罚款；情节严重的，处5万元以上50万元以下的罚款；有违法所得的予以没收：①转借、转让、介绍他人转让发票、发票监制章和发票防伪专用品的；②知道或者应当知道是私自印制、伪造、变造、非法取得或者废止的发票而受让、开具、存放、携带、邮寄、运输的。

（6）对违反发票管理规定两次以上或者情节严重的单位和个人，税务机关可以向社会公告。

（7）违反发票管理法规，导致其他单位或者个人未缴、少缴或者骗取税款的，由税务机关没收违法所得，可以并处未缴、少缴或者骗取的税款1倍以下的罚款。

三、纳税申报

(一) 纳税申报的方式

(1) 直接申报。

(2) 邮寄申报。

(3) 数据电文申报。

(4) 简易申报。

(5) 其他方式。

(二) 违反纳税申报规定的法律责任

纳税人未按照规定的期限办理纳税申报和报送纳税资料的,或者扣缴义务人未按照规定的期限向税务机关报送代扣代缴、代收代缴税款报告表和有关资料的,由税务机关责令限期改正,可以处 2 000 元以下的罚款;情节严重的,可以处 2 000 元以上 1 万元以下的罚款。

四、税款征收

(一) 税款征收的方式

(1) 查账征收,是指税务机关对财务健全的纳税人,依据其报送的纳税申报表、财务会计报表和其他有关纳税资料,计算应纳税款,填写缴款书或完税证明,由纳税人到银行划解税款的征收方式。

(2) 查定征收,是指对账务资料不全,但能控制其材料、产量或进销货物的纳税单位或个人,由税务机关依据正常条件下的生产能力对其生产的应税产品查定产量、销售额,然后依照税法规定的税率征收的一种税款征收方式。

(3) 查验征收,是指税务机关对纳税人的应税产品,通过查验数量,按市场一般销售单价计算其销售收入,并据以计算应纳税款的一种征收方式。

(4) 定期定额征收,是指对小型个体工商户在一定经营地点、一定经营时期、一定经营范围内的应纳税经营额(包括经营数量)或所得额(简称定额)进行核定,并以此为计税依据,确定其应纳税额的一种税款征收方式。

(5) 核定征收,是指税务机关对不能完整、准确提供纳税资料的纳税人,采用特定方式确定其应纳税收入或应纳税额,纳税人据以缴纳税款的一种方式。

(6) 代扣代缴,是指按照税法规定,负有扣缴税款的单位和个人,负责对纳税人应纳的税款进行代扣代缴的一种税款征收方式。

(7) 代收代缴,是指按照税法规定,负有收缴税款的单位和个人,负责对纳税人应纳的税款进行代收代缴的一种税款征收方式。

(8) 委托征收,是指受托单位按照税务机关核发的代征证书的要求,以税务机关的名义向纳税人征收一些零散税款的一种税款征收方式。

除上述之外,还有邮寄申报纳税、自计自填自缴、自报核缴等方式。

(二) 税收保全措施

1. 税收保全措施的适用情形

税务机关有根据认为从事生产、经营的纳税人有逃避纳税义务的行为的,可以在规定的纳税期之前,责令限期缴纳税款;在限期内发现纳税人有明显的转移、隐匿其应纳税的商品、货物,以及其他财产或者应纳税额收入的迹象的,税务机关可以责成纳税人提供纳税担保。如果纳税人不能提供纳税担保,经县以上税务局(分局)局长批准,税务机关可以采取税收保全措施。

2. 税收保全的措施

(1) 书面通知纳税人开户银行或者其他金融机构冻结纳税人的金额相当于应纳税款的存款。

(2) 扣押、查封纳税人的价值相当于应纳税款的商品、货物或者其他财产。其他财产是指纳税人的房地产、现金、有价证券等不动产和动产。

3. 税收保全的解除

纳税人在税务机关采取税收保全措施后,按照税务机关规定的期限缴纳了税款,税务机关应按规定在收到税款或银行转回的完税凭证之日起1日内解除税收保全。

(三) 税收强制执行

1. 税收强制执行的适用情形

从事生产、经营的纳税人、扣缴义务人未按照规定的期限缴纳或者解缴税款,纳税担保人未按照规定的期限缴纳所担保的税款,由税务机关责令限期缴纳,逾期仍未缴纳的,经县以上税务局(分局)局长批准,税务机关可以采取强制执行措施。

2. 税收强制执行措施的形式

(1) 书面通知其开户银行或其他金融机构从其存款中扣缴税款。

(2) 扣押、查封、依法拍卖或变卖其价值相当于应纳税款的商品、货物或其他财产,以拍卖或变卖所得抵缴税款。

税务机关采取强制执行措施时,对纳税人、扣缴义务人、纳税担保人未缴纳的滞纳金同时强制执行。

💡 **注意:**

个人及其所扶养家属维持生活必需的住房和用品,不在强制执行措施的范围之内。税务机关对单价5 000元以下的其他生活用品,不采取税收保全措施和税收强制措施。

(四) 税款的追缴与退还

(1) 纳税人多缴税款的,税务机关发现后应当立即退还;纳税人自结算缴纳税款之日起3年内发现的,可以向税务机关要求退还多缴的税款并加算银行同期存款利息,税务机关及时查实后应当立即退还。纳税人在结清缴纳税款之日起3年后向税务机关提出退还多缴税款要求的,税务机关不予受理。

（2）因税务机关的责任,致使纳税人、扣缴义务人未缴或者少缴税款的,税务机关在3年内可以要求纳税人、扣缴义务人补缴税款,但是不得加收滞纳金。

因纳税人、扣缴义务人计算错误等失误,未缴或者少缴税款的,税务机关在3年内可以追征税款、滞纳金;有特殊情况的,追征期可以延长到5年。所谓"特殊情况",是指纳税人或者扣缴义务人因计算错误等失误,未缴或者少缴、未扣或者少扣、未收或者少收税款,累计数额在10万元以上的。补缴和追征税款、滞纳金的期限,自纳税人、扣缴义务人应缴款未缴或者少缴税款之日起计算。

对偷税、抗税、骗税的,税务机关追征其未缴或者少缴的税款、滞纳金或者所骗取的税款,不受前款规定期限的限制,即税务机关可以无限期追征。

（五）延期纳税

纳税人因有特殊困难,不能按期缴纳税款的,经省、自治区、直辖市税务局批准,可以延期缴纳税款,但是最长不得超过3个月。

（六）加收滞纳金

纳税人未按照规定期限缴纳税款的、扣缴义务人未按规定期限解缴税款的,税务机关除责令限期缴纳外,从滞纳税款之日起,按日加收滞纳税款0.5‰（万分之五）的滞纳金。

（七）阻止出境

欠缴税款的纳税人或者其法定代表人在出境前未按规定结清应纳税款、滞纳金或者提供纳税担保的,税务机关可以通知出境管理机关阻止其出境。

五、涉税专业服务

涉税专业服务机构是指税务师事务所和从事涉税专业服务的会计师事务所、律师事务所、代理记账机构、税务代理机构、财税类咨询公司等机构。

涉税专业服务的业务范围:①纳税申报代理;②一般税务咨询;③专业税务顾问;④税收策划;⑤涉税鉴证;⑥纳税情况审查;⑦其他税务事项代理;⑧其他涉税服务。

六、税收法律责任

税收行政法律责任的形式主要是行政处罚:①责令限期改正;②罚款;③没收非法所得、没收非法财产;④收缴未用发票和暂停供应发票;⑤停止出口退税权。

税收法律关系主体违反刑事法律规定所构成的犯罪主要有偷税罪、逃税罪、抗税罪、受贿罪和玩忽职守罪等。

七、税务行政复议

纳税人、扣缴义务人和纳税担保人同税务机关在纳税上发生争议时,必须先依照税务机关的纳税决定缴纳或者解缴税款及滞纳金或者提供相应的担保,然后可以依法申请行政复议。对行政复议决定不服的,可以依法向人民法院起诉。

（一）复议范围

（1）征税行为。

（2）行政许可、行政审批行为。

（3）发票管理行为。

（4）税收保全措施、强制执行措施。

（5）行政处罚行为。

（6）资格认定行为。

（7）不依法确认纳税担保行为。

（8）政府信息公开工作中的具体行政行为。

（9）纳税信用等级评定行为。

（10）通知出境管理机关阻止出境行为。

（11）其他具体行政行为。

（二）复议管辖

（1）申请人对各级税务局的具体行政行为不服的,向其上一级税务局申请行政复议。

（2）申请人对国家税务总局的具体行政行为不服的,向国家税务总局申请行政复议。对行政复议决定不服的,申请人可以向人民法院提起行政诉讼,也可以向国务院申请裁决。国务院的裁决为最终裁决。

（3）对计划单列市税务局的具体行政行为不服的,向国家税务总局申请行政复议。

（4）对税务所(分局)、各级税务局的稽查局的具体行政行为不服的,向其所属税务局申请行政复议。

（5）对两个以上税务机关以共同的名义作出的具体行政行为不服的,向共同上一级税务机关申请行政复议。

（6）对税务机关与其他行政机关共同作出的具体行政行为不服的,向共同上一级行政机关申请行政复议。

（三）行政复议决定

申请人可以在知道税务机关作出具体行政行为之日起 60 日内提出行政复议申请。行政复议机关应当自受理申请之日起 60 日内作出行政复议决定。延期不得超过 30 日。

 **巩固训练**

一、单项选择题

1. 下列不属于发票的基本内容的是(　　　)。

　　A. 客户名称 　　　　　　　　　　B. 商品名称

　　C. 工商登记号 　　　　　　　　　D. 联次及用途

2. 下列各项中,不应缴纳消费税的是(　　)。

　　A. 名牌服装 　　B. 小汽车 　　　C. 烟 　　　　D. 轮胎

3. (　　)是指国家征税以法律形式预先规定征税范围和征收比例,便于征纳双方共同遵守。

　　A. 强制性 　　B. 固定性 　　　C. 无偿性 　　　D. 自愿性

4. 某食品厂为一般纳税人,6月购入农产品,收购价为20 000元,支付运费6 000元,并取得了运输公司开具的增值税专用发票,该食品厂可以抵扣的增值税为(　　)元。

　　A. 2 340 　　B. 2 600 　　　C. 3 260 　　　D. 3 062

5. 关于核定应纳税额,下列说法中,正确的是(　　)。

　　A. 税务机关核定应纳税额时只能依法选定一种核定方法,并明确告知纳税人

　　B. 税务机关采用一种方法不足以正确核定应纳税额时,可以同时采用两种以上的方法核定

　　C. 纳税人对税务机关核定的应纳税额有异议的,税务机关应当提供相关证据,证明定额的合理性

　　D. 经税务机关认定后,纳税人可以调整应纳税额

6. 下列关于增值税的纳税义务发生时间的表述中,不正确的是(　　)。

　　A. 视同销售货物的行为,为货物移送的当天

　　B. 采用预收货款方式的,为预收货款的当天

　　C. 进口货物的,为报关进口的当天

　　D. 赊销方式销售货物的,为合同约定的收款日期当天

7. 法律、行政法规规定负有(　　)的单位和个人为纳税人。

　　A. 纳税义务 　　　　　　　　　　B. 代扣代缴税款义务

　　C. 代征税款义务 　　　　　　　　D. 代收代缴税款义务

8. 下列各项中,属于开具发票时使用文字不正确的是(　　)。

　　A. 使用中文

　　B. 外资企业同时使用中文和外文

　　C. 民族自治地方同时使用中文和民族文字

D. 外资企业只使用外文

9. 以下票据中,不属于发票的是(　　)。

A. 火车票　　　　　　　　　　　B. 订货单

C. 电信业务收据　　　　　　　　D. 电费收据

10. 某小轿车生产企业为增值税一般纳税人,本月生产并销售小轿车300辆,每辆含增值税的销售价格16.95万元,适用消费税税率9%。该企业本月应缴纳消费税为(　　)万元。

A. 473.9　　　　B. 283.5　　　　C. 364.5　　　　D. 405

11. 根据《增值税暂行条例》的规定,增值税一般纳税人兼营不同增值税税率的货物,未分别核算不同税率货物销售额的,确定其适用增值税税率的方法是(　　)。

A. 适用3%的征收率　　　　　　B. 从低适用税率

C. 适用平均税率　　　　　　　　D. 从高适用税率

12. 我国《发票管理办法》规定,除增值税专用发票以外的其他发票,由(　　)指定的企业印制。

A. 国家税务总局　　　　　　　　B. 省、自治区、直辖市税务机关

C. 地(市)级税务机关　　　　　　D. 省财政厅

13. 单位和个人在开具发票时,应在发票联和抵扣联加盖单位(　　)。

A. 业务专用章　　B. 发票专用章　　C. 合同专用章　　D. 证明专用章

14. 甲企业生产规模较小、账册不健全、财务管理和会计核算水平也较低,且产品零星、税源分散,其适用的税款征收方式是(　　)。

A. 查账征收　　　B. 查定征收　　　C. 查验征收　　　D. 定期定额征收

15. 纳税人因有特殊困难而不能按期缴纳税款的,经省以上税务局(分局)批准,可延期缴纳,但最长不得超过(　　)。

A. 3个月　　　　B. 6个月　　　　C. 1年　　　　　D. 1个月

16. 税务稽查局在行使查账权时,经批准可以将以前年度有关的账簿等调回税务稽查局检查,并开付清单,但必须在(　　)内完整归还。

A. 15天　　　　B. 1个月　　　　C. 3个月　　　　D. 6个月

17. 某企业将一批自产的化妆品作为促销礼品,化妆品生产成本为7 000元,无同类产品售价,假设成本利润率为5%,消费税税率为30%,则应纳消费税为(　　)元。

A. 2 205　　　　B. 1 884.62　　　C. 3 150　　　　D. 7 350

18. 根据《税收征收管理法》的规定,下列说法中,不正确的是(　　)。

A. 税务机关征收税款时,必须给纳税人开具完税凭证

B. 税务机关扣押商品、货物或其他财产时,必须开付收据

C. 税务机关查封商品、货物或其他财产时,必须开付清单

D. 税务机关扣押商品、货物或其他财产时,必须开付清单

19. 纳税申报的方式中,比较传统的方式是(　　)。

A. 直接申报　　　B. 邮寄申报　　　C. 数据电文申报　　　D. 网上申报

20. 张某为非居民个人,2021年3月取得劳务报酬10 000元,应缴纳个人所得税( )元。

A. 200　　　　B. 590　　　　C. 1 600　　　　D. 2 000

21. 税务机关为增值税纳税人代开的专用发票应统一使用( )专用发票。

A. 三联　　　　B. 四联　　　　C. 五联　　　　D. 六联

22. 增值税专用发票的基本联次统一规定为三联,其中第三联为( )。

A. 存根联　　　B. 税款抵扣联　　　C. 发票联　　　D. 记账联

23. 纳税人按照规定的期限办理纳税申报确有困难,需要延期的,应在规定的期限内向税务机关提出书面延期申请,经税务机关核准( )。

A. 可以不再申报　　　　　　B. 仍应申报

C. 可以延期申报　　　　　　D. 可以分期申报

24. 下列各项中,不属于税收特点的是( )。

A. 自愿性　　　B. 强制性　　　C. 无偿性　　　D. 固定性

25. 东强公司将税务机关确定的应于2021年3月5日缴纳的税款12万元拖至2021年3月25日缴纳。根据《税收征收管理法》的规定,税务机关依法加收该公司滞纳税款的滞纳金为( )万元。

A. 0.504　　　B. 4　　　　C. 0.12　　　　D. 8

26. 下列各项中,不属于流转税类的是( )。

A. 消费税　　　B. 增值税　　　C. 关税　　　D. 车辆购置税

27. 单位和个人在( )开具发票。

A. 发生经营业务、确认营业收入时

B. 收到货款时

C. 产品发出时

D. 合同签订时

28. 根据《税收征收管理法》的规定,经县以上税务局(分局)局长批准,税务机关可以对符合税法规定情形的纳税人采取税收保全措施。下列各项中,属于税收保全措施的是( )。

A. 责令纳税人暂时停业,限期缴纳应纳税款

B. 书面通知纳税人开户银行从其存款中扣缴应纳税款

C. 书面通知纳税人开户银行冻结纳税人的金额相当于应纳税款的存款

D. 依法拍卖纳税人的价值相当于应纳税款的商品,以拍卖所得抵缴税款

29. 税务登记不包括( )。

A. 开业登记　　　　　　　　B. 变更登记

C. 核定应纳税额　　　　　　D. 注销登记

30. 下列关于增值税的纳税义务发生时间的表述中,不正确的是( )。

A. 一般为收讫销售款项或取得索取款项凭据的当天

B. 先开具发票的为开具发票的当天

C. 进口货物,其纳税义务发生时间为报关进口的当天

D. 增值税扣缴义务发生时间为扣缴义务发生的当天

二、多项选择题

1. 《税收征收管理法实施细则》规定,纳税人采取邮寄方式申报纳税的,应当( )。

    A. 使用统一的纳税申报专用信封

    B. 以邮政部门收据作为申报凭据

    C. 以寄出的邮戳日期为实际申报日期

    D. 使用特快专递邮寄

2. 数据电文纳税申报方式有( )。

    A. 电话语音　　　　　　　　B. 电子数据交换

    C. 网络传输　　　　　　　　D. 邮政快件

3. 下列各项中,以取得的收入为应纳税所得额直接计算预扣预缴个人所得税的有( )。

    A. 稿酬所得　　　　　　　　B. 偶然所得

    C. 股息所得　　　　　　　　D. 特许权使用费所得

4. 下列关于发票使用的说法中,正确的有( )。

    A. 任何单位和个人不得转借、转让、代开发票

    B. 未经税务机关批准,不得拆本使用发票

    C. 不得自行扩大专业发票使用范围

    D. 使用电子计算机开具发票,必须报主管税务机关批准

5. 增值税专用发票的联次包括( )。

    A. 存根联　　B. 发票联　　C. 记账联　　D. 抵扣联

6. 根据《税收征收管理法》的规定,税务机关在税款征收中,根据不同情况,有权采取的措施有( )。

    A. 加收滞纳金　　　　　　　B. 追征税款

    C. 核定应纳税额　　　　　　D. 吊销营业执照

7. 构成税法的最基本要素有( )。

    A. 纳税义务人　B. 征税对象　　C. 税目　　D. 税率

8. 发票具有( )等特征。

    A. 合法性和真实性　　　　　B. 时效性

    C. 共享性　　　　　　　　　D. 传递性

9. 纳税人需要申请办理注销登记的情况有( )。

    A. 解散　　B. 破产　　C. 撤销　　D. 暂停营业

10. 下列关于非居民企业所得税纳税地点的表述中,正确的有( )。

A. 在中国境内设立机构、场所的,应当就其所设机构、场所取得的来源于中国境内的所得以机构、场所所在地为纳税地点

B. 发生在中国境外,但与其所设机构、场所有实际联系的所得,以机构、场所所在地为纳税地点

C. 设立机构、场所,但与其所设机构、场所没有实际联系的所得,以机构、场所所在地为纳税地

D. 在中国境内未设立机构、场所的,以扣缴义务人所在地为纳税地点

11. 企业开具增值税专用发票的时限为(   )。

A. 采用预收货款结算方式的,为货物发出当天

B. 采用交款提货结算方式的,为收到货款当天

C. 采用赊销结算方式的,为合同约定的收款日期当天,没有合同的为发货的当天

D. 将货物交付他人代销的,为收到委托人送回货款的当天

12. 根据《个人所得税法》的规定,个人发生的下列公益、救济性捐赠支出,准予税前全额扣除的有(   )。

A. 通过国家机关向红十字事业的捐赠

B. 通过国家机关向农村义务教育的捐赠

C. 通过非营利组织向公益性青少年活动场所的捐赠

D. 直接向贫困家庭的捐赠

13. 工商税类主要包括(   )。

A. 增值税   B. 消费税   C. 资源税   D. 企业所得税

14. 下列各项中,属于税务违法行政处罚的项目有(   )。

A. 收缴税务登记证

B. 停止税款抵扣

C. 停止出口退税权

D. 收缴未用发票和暂停供应发票

15. 下列关于所得税税收特点的表述中,正确的有(   )。

A. 征税对象是应纳税所得额

B. 征税数额受成本、费用、利润高低的影响较大

C. 征税对象是收入总额

D. 征税数额受成本、费用、利润高低的影响不大

16. 下列关于增值税的说法中,正确的有(   )。

A. 增值税是以商品(含应税劳务)在生产过程中产生的增值额作为计税依据向纳税义务人征收的一种流转税

B. 增值税分为生产型增值税、收入型增值税、消费型增值税

C. 增值税的纳税人按其经营规模大小,分为一般纳税人和特殊纳税人

D. 增值税一般纳税人的税率有13%、9%、6%、0%

17. 某啤酒厂自产特制啤酒5吨用于某地啤酒节,已知其成本为20万元,成本利润率为10%,消费税单位税额为每吨220元,该笔业务啤酒厂应缴纳( )。

    A. 消费税220元

    B. 消费税1 100元

    C. 增值税37 400元

    D. 增值税28 743元

18. 下列关于发票开具要求的表述中,不正确的有( )。

    A. 单位和个人在发生经营业务,确认营业收入时,才能开具发票,特殊情况下,未发生经营业务也可开具发票

    B. 使用电子计算机开具发票,必须报主管税务机关批准,并使用税务机关统一监制的机打发票

    C. 发票专用章或财务专用章一律不得在印制发票时套印

    D. 任何单位和个人不得转借、转让发票,但可以代开发票

19. 根据《企业所得税法》的规定,在计算企业所得税应纳税所得额时,下列各项中,可以扣除的项目有( )。

    A. 产品销售成本

    B. 期间费用

    C. 税收

    D. 罚款支出

20. 根据《增值税暂行条例》的规定,下列各项中,应缴纳增值税的有( )。

    A. 将自产的货物用于投资

    B. 将自产的货物分配给股东

    C. 将自产的货物用于集体福利

    D. 将购买的货物用于个人消费

21. 税务机关依照法律、行政法规的规定征收税款,不得违反的法律行政法规的规定有( )。

    A. 开征或停征

    B. 多征或不征

    C. 提前征收或延缓征收

    D. 摊派税款

三、判断题

1. 税收原则是税收法律制度制定和实施的基本原则,设计税收体系时要坚持效率原则、公平原则。　　　　　　　　　　　　　　　　　　　　　　　　　( )

2. 国债利息收入、符合条件的居民企业之间的股息及财政拨款均为不征税收入。

　　　　　　　　　　　　　　　　　　　　　　　　　　　　　　　　　　( )

3. 我国《发票管理办法》规定禁止携带、邮寄或运输空白发票出入境。　( )

4. 从事生产经营的纳税人,税务登记内容发生变更的,自市场监督管理机关办理变更登记之日起10日内持有关证件向税务机关办理变更税务登记。　　　( )

5. 某纳税人虽已建账,但税务机关发现其成本资料不全,原始凭证残缺,报表不能真实反映其经营情况,对此,税务局可以核定其应纳税额。　　　　　　　( )

6. 纳税人未按规定办理税务登记证件验证或换证手续的,由税务机关责令限期改正,并处2 000元以下的罚款,情节严重的可以处2 000元以上1万元以下的罚款。

　　　　　　　　　　　　　　　　　　　　　　　　　　　　　　　　　　( )

7. 房产税、契税属于财产税类。 （　　）

8. 纳税人因住所、经营地点变动,不涉及主管税务机关变更的,应先向市场监督管理机关办理变更,再持有关证件,到税务机关办理税务变更。 （　　）

9. 税收优先于一切无担保债权,包括破产企业的应付工资。 （　　）

10. 税务机关对尚未办理税务登记的扣缴义务人,可以只在其税务登记证件上登记扣缴税款事项,不再发给扣缴税款登记证件。 （　　）

11. 生产经营规模小又确无建账能力的个体工商户,经批准也可以建立收支凭证粘贴簿、进货销货登记簿来代替账簿。 （　　）

12. 在我国税收法律关系中,权利主体双方法律地位平等,所以权利与义务也对等。 （　　）

13. 我国《发票管理办法》规定,未经税务机关批准,任何单位和个人不得拆本使用发票。 （　　）

14. 公司需要停业的,应当在停业后,向税务机关申报办理停业登记。 （　　）

15. 纳税人采取电子方式办理纳税申报的,应当按照税务机关规定的期限和要求保存有关资料,并定期书面报送主管税务机关。 （　　）

四、案例分析题

（一）某企业主要从事药酒生产业务,兼营药酒批发零售业务,适用增值税税率13%,消费税税率为10%。本年7月份该企业发生下列业务:

（1）从国外进口一批甲药酒,关税完税价格为147.6万元,已缴纳关税41.4万元。

（2）委托某工厂加工一批乙药酒,提供原材料价值13.6万元,支付加工费4.4万元,该批加工产品已收回（受托方没有该批药酒同类货物价格）。

（3）销售本企业生产的丙药酒,取得销售额116万元（不含税）。

要求:根据上述材料,回答下列问题。

1. 该企业进口甲药酒应缴纳的增值税为（　　）万元。
   A. 51　　　　　　B. 30.24　　　　　　C. 27.3　　　　　　D. 24.99

2. 该企业进口甲药酒,应当自海关填发海关进口增值税专用缴款书之日起一定期限内缴纳税款,该期限是（　　）日。
   A. 5　　　　　　B. 10　　　　　　C. 15　　　　　　D. 20

3. 该企业进口甲药酒应缴纳的消费税为（　　）万元。
   A. 14　　　　　　B. 21　　　　　　C. 25　　　　　　D. 18

4. 该企业委托加工乙药酒应缴纳的消费税为（　　）万元。
   A. 2　　　　　　B. 3　　　　　　C. 1　　　　　　D. 1.5

5. 该企业销售丙药酒应缴纳的消费税为（　　）万元。
   A. 14.8　　　　　　B. 11.6　　　　　　C. 10.15　　　　　　D. 10.22

（二）某企业为一般纳税人,本月发生的几笔购销业务如下所示:

（1）购入原材料,取得的增值税专用发票上注明的价款为40万元。

（2）销售企业生产的应税甲产品，开具普通发票，取得的含税销售额为 11.3 万元。

（3）购入企业生产所需的配件，取得的增值税专用发票上注明的价款是 2.5 万元。

（4）购入企业所需的包装物，取得的增值税专用发票上注明的价款为 2 万元。

（5）销售企业生产的应税乙产品，取得不含税销售额 50 万元。

（6）企业为职工幼儿园购进一批儿童桌、椅、木床，取得的增值税专用发票上注明的价款为 1.8 万元。

（7）向农业生产者购进作为生产原料的免税农产品，买价为 3 万元。

假设上述各项购销货物税率均为 13%，购进货物均取得防伪税控系统开具的增值税专用发票，当月通过税务机关认证；向农业生产者购买的免税农产品，按买价依照 9% 的扣除率计算进项税额；上月未抵扣完的进项税额为零。

1. 该企业增值税的纳税期限为（　　）。

    A. 1 日　　　　　B. 1 个月　　　　　C. 1 个季度　　　　　D. 1 年

2. 该企业当期销项税额为（　　）万元。

    A. 10.49　　　B. 7.8　　　　　C. 8.5　　　　　D. 9.15

3. 该企业可以抵扣的进项税额包括（　　）。

    A. 购入原材料取得专用发票上注明的价款

    B. 购入免税农产品的价款

    C. 购入生产所需的配件和包装物取得专用发票上注明的价款

    D. 企业为职工幼儿园购进一批儿童桌、椅、木床的价款

4. 该企业当期可以抵扣的进项税额为（　　）万元。

    A. 8.08　　　　B. 7.57　　　　　C. 6.055　　　　　D. 7.82

5. 该企业当期应纳增值税额为（　　）万元。

    A. 1.745　　　B. 1.12　　　　　C. 1.63　　　　　D. 1.38

（三）徐某是中国公民，就职于中国境内甲公司，2021 年全年从境内取得如下收入：

（1）工资收入 10 000 元/月，奖金收入 500 元/月，岗位津贴 400 元/月，交通补贴 1 000 元/月，差旅费津贴 800 元/月，专项扣除 1 800 元/月。

（2）受乙公司委托进行软件设计，取得设计费 2 000 元。

（3）购买国债获得利息收入 800 元。

（4）获得保险赔款 1 000 元。

（5）为某出版社做管理培训获得报酬 1 000 元，在该出版社出版专著获得稿酬 10 000 元。

（6）7 月份出租居住用房获得租金收入 2 000 元。

徐某需为其第二套房支付房贷，每月支付房贷利息 1 000 元；徐某有一个四岁的儿子上幼儿园；徐某为独生子女，赡养年逾 60 岁的两位父母。2021 年 6 月，徐某住院负担医药费用支出 10 000 元。符合条件的专项附加扣除信息均已申报提交。经约定，子女教育专项附加扣除由徐某按扣除标准的 100% 扣除。

1. 下列各项中,属于徐某的"工资、薪金所得"应税项目的有(   )。

   A. 奖金收入　　　 B. 岗位津贴　　　　 C. 交通补贴　　　　 D. 差旅费津贴

2. 徐某符合条件的专项附加扣除有(   )。

   A. 子女教育专项附加扣除

   B. 大病医疗专项附加扣除

   C. 住房贷款利息专项附加扣除

   D. 赡养老人专项附加扣除

3. 徐某全年综合所得应缴纳个人所得税是(   )元。

   A. 984　　　　　 B. 696　　　　　 C. 3 920　　　　 D. 996

4. 徐某的下列收入中,免予缴纳个人所得税的是(   )。

   A. 受乙公司委托进行软件设计,取得设计费 2 000 元

   B. 购买国债获得利息收入 800 元

   C. 获得保险赔款 1 000 元

   D. 出租居住用房获得租金收入 2 000 元

5. 徐某 7 月份出租住房取得的租金收入应缴纳个人所得税的计算公式为(   )。

   A. 2 000×(1−20%)×20%　　　　 B. (2 000−800)×20%

   C. 2 000×(1−20%)×10%　　　　 D. (2 000−800)×10%

第四章　财政法规制度

 学习目标

1. 了解预算法律制度的构成
2. 了解国库集中收付制度的概念
3. 了解政府采购法律制度的构成和原则
4. 掌握国家预算的级次划分和构成、预算管理的职权、预算组织的程序及预决算的监督
5. 掌握政府采购的执行模式和方式
6. 掌握国库单一账户体系的构成及财政收支的方式

 课堂笔记

第一节　预算法律制度

一、预算法律制度的构成

我国预算法律制度由《预算法》《预算法实施条例》及有关国家预算管理的其他法律制度构成。

二、国家预算

（一）国家预算的概念

国家预算也称政府预算，是政府的基本财政收支计划，即经法定程序批准的国家年度财政收支计划。国家预算是实现财政职能的基本手段。

国家预算的编制必须遵循一定的原则，主要有公开性原则、可靠性原则、完整性原则、统一性原则和年度性原则。

（二）国家预算的作用

国家预算的作用是国家预算职能在社会经济生活中的具体体现，它主要包括以下三个方面：

（1）财力保证作用。

（2）调节制约作用。

（3）反映监督作用。

（三）国家预算级次的划分

我国《预算法》规定，国家实行一级政府一级预算：

（1）中央预算。

（2）省级（省、自治区、直辖市）预算。

（3）地市级（设区的市、自治州）预算。

（4）县市级（县、自治县、不设区的市、市辖区）预算。

（5）乡镇级（乡、民族乡、镇）预算。

（四）国家预算的构成

（1）按照政府级次不同，国家预算可分为中央预算和地方预算。

（2）按照收支管理范围，国家预算可分为总预算和部门单位预算。

（3）按照收支的内容，国家预算可分为一般公共预算、政府性基金预算、国有资本经营预算、社会保险基金预算。

三、预算管理的职权

（一）各级人民代表大会及其常务委员会的职权

1. 全国人民代表大会及其常务委员会的职权

全国人民代表大会的预算管理职权主要有以下三项：

（1）审查中央和地方预算草案及中央和地方预算执行情况的报告。

（2）批准中央预算和中央预算执行情况的报告。

（3）改变或者撤销全国人民代表大会常务委员会关于预算、决算的不适当的决议。

全国人民代表大会常务委员会的职权具体包括：

（1）监督中央和地方预算的执行。

（2）审查和批准中央预算的调整方案。

（3）审查和批准中央决算。

（4）撤销国务院制定的同宪法、法律相抵触的关于预算、决算的行政法规、决定和命令。

（5）撤销省、自治区、直辖市人民代表大会及其常务委员会制定的同宪法、法律和行政法规相抵触的关于预算、决算的地方性法规和决议。

2. 县级以上地方各级人民代表大会及其常务委员会的职权

县级以上地方各级人民代表大会的预算管理职权主要有以下四项：

（1）审查本级总预算草案及本级总预算执行情况的报告。

（2）批准本级预算和本级预算执行情况的报告。

（3）改变或撤销本级人民代表大会常务委员会关于预算、决算的不适当的决议。

（4）撤销本级政府关于预算、决算的不适当的决定和命令。

县级以上人民代表大会常务委员会的职权具体包括：

（1）监督本级总预算的执行。

（2）审查和批准本级预算的调整方案。

（3）审查和批准本级政府决算。

（4）撤销本级政府和下一级人民代表大会及其常务委员会关于预算、决算的不适当的决定和命令。

3. 乡、民族乡、镇的人民代表大会的职权

设立预算的乡、民族乡、镇的人民代表大会的预算管理职权主要有以下五项：

（1）审查和批准本级预算和本级预算执行情况的报告。

（2）监督本级预算的执行。

（3）审查和批准本级预算的调整方案。

（4）审查和批准本级决算。

（5）撤销本级政府关于预算、决算的不适当的决定和命令。

（二）各级人民政府的职权

1. 国务院的职权

（1）编制中央预算、决算草案。

（2）向全国人民代表大会做关于中央和地方预算草案的报告。

（3）将省、自治区、直辖市政府报送备案的预算汇总后报全国人民代表大会常务委员会备案。

（4）组织中央和地方预算的执行。

（5）决定中央预算预备费的动用。

（6）编制中央预算调整方案。

（7）监督中央各部门和地方政府的预算执行。

（8）改变或者撤销中央各部门和地方政府关于预算、决算的不适当的决定、命令。

（9）向全国人民代表大会、全国人民代表大会常务委员会报告中央和地方预算的执行情况。

2. 县级以上地方各级政府的职权

（1）编制本级预算、决算草案。

（2）向本级人民代表大会做关于本级总预算草案的报告。

（3）将下一级政府报送备案的预算汇总后报本级人民代表大会常务委员会备案。

（4）组织本级总预算的执行。

（5）决定本级预算预备费的动用。

（6）编制本级预算的调整方案。

（7）监督本级各部门和下级政府的预算执行。

（8）改变或者撤销本级各部门和下级政府关于预算、决算的不适当的决定、命令。

（9）向本级人民代表大会、本级人民代表大会常务委员会报告本级总预算的执行情况。

3. 乡、民族乡、镇政府的职权

（1）编制本级预算、决算草案。

（2）向本级人民代表大会做关于本级预算草案的报告。

（3）组织本级预算的执行。

（4）决定本级预算预备费的动用。

（5）编制本级预算的调整方案。

（6）向本级人民代表大会报告本级预算的执行情况。

（三）各级财政部门的职权

1. 国务院财政部门的职权

（1）具体编制中央预算、决算草案。

（2）具体组织中央和地方预算的执行。

（3）提出中央预算预备费动用方案。

（4）具体编制中央预算的调整方案。

（5）定期向国务院报告中央和地方预算的执行情况。

2. 地方各级财政部门的职权

（1）具体编制本级预算、决算草案。

（2）具体组织本级总预算的执行。

（3）提出本级预算预备费动用方案。

（4）具体编制本级预算的调整方案。

（5）定期向本级政府和上一级政府财政部门报告本级总预算的执行情况。

（四）各部门、各单位的职权

1. 各部门的职权

（1）编制本部门预算、决算草案。

（2）组织和监督本部门预算的执行。

（3）定期向本级财政部门报告预算的执行情况。

2. 各单位的职权

（1）编制本单位的预算、决算草案。

（2）按照国家规定及时足额地上缴预算收入，合理安排预算支出，接受国家有关部门的监督检查。

四、预算收入与预算支出

（一）预算收入

预算收入是通过一定的形式和渠道集中起来的由政府集中掌握使用的货币资金。

（1）按来源可将预算收入分为税收收入、行政事业性收费收入、国有资源（资产）有偿使用收入、转移性收入和其他收入。

（2）按归属可将预算收入分为中央预算收入、地方预算收入、中央和地方预算共享收入。

（二）预算支出

预算支出是国家对集中的预算收入有计划地分配和使用而安排的支出。

（1）目前，我国财政支出按功能可分为以下几个方面：①一般公共服务支出；②外交、公共安全、国防支出；③农业、环境保护支出；④教育、科技、文化、卫生、体育支出；⑤社会保障及就业支出；⑥其他支出。

（2）预算支出按经济性质可划分为工资福利支出、商品和服务支出、资本性支出和其他支出。

五、预算组织程序

预算组织程序包括预算的编制、审查、执行和调整。

六、决算

决算是对年度预算收支执行结果的会计报告，是预算执行的总结，是国家管理预算活动的最后一道程序，经法定程序批准的年度国家预算执行情况及结果总结性的书面文件，包括决算报表和文字说明两个部分。尚未经法定程序批准的称决算草案。

七、预决算的监督

预决算的监督主要包括国家权力机关的监督、各级政府的监督、各级政府财政部门的监督、各级政府审计部门的监督，以及社会监督等。

第二节　政府采购法律制度

一、政府采购法律制度的构成

我国政府采购法律制度由《政府采购法》、国务院各部门特别是财政部颁布的一系列部门规章，以及政府采购地方性法规和政府规章组成。

二、政府采购的概念与原则

(一) 政府采购的概念

政府采购,是指各级国家机关、事业单位和团体组织,使用财政性资金采购依法制定的集中采购目录以内的或者采购限额标准以上的货物、工程和服务的行为。

(二) 政府采购的原则

(1) 公开透明原则。

(2) 公平竞争原则。

(3) 公正原则。

(4) 诚实信用原则。

三、政府采购的功能与执行模式

(一) 政府采购的功能

(1) 节约财政支出,提高采购资金的使用范围。

(2) 强化宏观调控。

(3) 活跃市场经济。

(4) 推进反腐倡廉。

(5) 保护民族产业。

(二) 政府采购的执行模式

集中采购是将纳入政府采购范围内的各行政事业单位分散的、同类的项目集中起来统一采购的方式。

分散采购,是指由各使用单位自行进行的政府采购模式。

四、政府采购当事人

(一) 采购人

采购人是依法进行政府采购的国家机关、事业单位和团体组织。采购人是政府采购的需求方和采购活动的发起人,是重要的政府采购当事人。

1. 采购人的权利

(1) 自行选择采购代理机构的权利。

(2) 要求采购代理机构遵守委托协议约定的权利。

(3) 审查政府采购供应商资格的权利。

(4) 依法确定中标供应商的权利。

(5) 签订采购合同并参与对供应商履约验收的权利。

（6）特殊情况下提出特殊要求的权利。

（7）其他合法权利。

2．采购人的义务

（1）遵守政府采购的各项法律、法规和规章制度。

（2）接受和配合政府采购监督管理部门的监督检查，同时还要接受和配合审计机关的审计监督以及检察机关的监察。

（3）尊重供应商的正当合法权益。

（4）遵守采购代理机构的工作秩序。

（5）在规定时间内与中标供应商签订政府采购合同。

（6）在指定媒体及时向社会发布政府采购信息、招标结果。

（7）依法答复供应商的询问和质疑。

（8）妥善保存反映每项采购活动的采购文件。

（9）其他法定义务。

（二）供应商

供应商，是指向采购人提供货物、工程或服务的法人、其他组织或自然人。供应商是政府采购对象的供给方，也是重要的政府采购当事人。

1．法定条件

供应商参加政府采购活动应当具备以下条件：

（1）有独立承担民事责任的能力。

（2）有良好的商业信誉和健全的财务会计制度。

（3）有履行合同所必需的设备和专业技术能力。

（4）有依法缴纳税收和社会保障资金的良好记录。

（5）参加政府采购活动前3年，在经营活动中没有重大违法记录。

（6）法律、行政法规规定的其他条件。

2．供应商的权利

（1）平等地取得政府采购供应商资格的权利。

（2）平等地获得政府采购信息的权利。

（3）自主、平等地参加政府采购竞争的权利。

（4）就政府采购活动事项提出询问、质疑和投诉的权利。

（5）自主、平等地签订政府采购合同的权利。

（6）要求采购人或采购代理机构保守其商业秘密的权利。

（7）监督政府采购依法公开、公正进行的权利。

（8）其他合法权利。

3．供应商的义务

（1）遵守政府采购的各项法律、法规和规章制度。

（2）按规定接受供应商资格审查，并在资格审查中客观、真实地反映自身情况。

（3）在政府采购活动中,满足采购人或采购代理机构的正当要求。

（4）投标中标后,按规定程序签订政府采购合同并严格履行合同义务。

（5）其他法定义务。

（三）采购代理机构

采购代理机构,是指根据采购人的委托代理政府采购事宜的机构。采购代理机构分为集中采购机构和一般采购代理机构。

五、政府采购方式

政府采购的方式有六种:公开招标、邀请招标、竞争性谈判采购、单一来源采购、询价、国务院政府采购监督管理部门认定的其他采购方式。

第三节　国库集中收付制度

一、国库集中收付制度的概念

国库集中收付制度一般也称为国库单一账户制度,是指由财政部门代表政府设置国库单一账户体系,所有的财政性资金都纳入国库单一账户体系收缴、支付和管理的制度。

二、国库单一账户体系

（一）国库单一账户体系的概念

国库单一账户体系,是指以财政国库存款账户为核心的各类财政性资金账户的集合。所有财政性资金的收入、支付、存储及资金清算活动均在该账户体系内运行。

（二）国库单一账户体系的构成

国库单一账户体系包括国库单一账户、财政部门零余额账户、预算单位零余额账户、预算外资金财政专户和特设专户。

三、财政收支的方式和程序

财政收入的收缴分为直接缴库和集中汇缴。

财政支出总体上分为购买性支出和转移性支出。

按照不同的支付主体,对于不同的支出,分别实行财政直接支付和财政授权支付。

 **巩固训练**

一、单项选择题

1. 下列各项中,不属于我国国家预算组成部分的是(　　)。
   A. 省的总预算
   B. 自治区的预算
   C. 中央直属单位的预算
   D. 直辖市的预算

2. 根据《预算法》的规定,下列各项中,(　　)负责对本级各部门决算草案进行审核。
   A. 本级人民代表大会
   B. 本级人民代表大会常务委员会
   C. 本级政府财政部门
   D. 本级政府审计部门

3. 根据《政府采购法》的规定,下列关于政府采购的表述中,不正确的是(　　)。
   A. 政府采购具有保护民族产业的功能
   B. 邀请招标是政府采购的主要采购方式
   C. 政府采购中,采购人具有审查政府采购供应商资格的权利
   D. 政府采购中,采购代理机构具有依法发布采购信息的义务

4. 竞争性谈判方式要求采购人就有关采购事项,与不少于(　　)家供应商进行谈判。
   A. 2　　　　　　B. 3　　　　　　C. 4　　　　　　D. 5

5. 《预算法》在调整社会关系时,强调的是(　　)。
   A. 事前调整　　B. 事中调整　　　C. 事后调整　　　D. 全过程调整

6. 根据《预算法》的规定,下列各项中,(　　)负责定期向国务院报告中央和地方预算执行情况。
   A. 全国人民代表大会
   B. 全国人民代表大会常务委员会
   C. 国务院统计部门
   D. 国务院财政部门

7. 根据《政府采购法》的规定,下列关于政府采购的表述中,正确的是(　　)。
   A. 政府采购只能采用公开招标方式
   B. 政府采购只能由集中采购机构代理
   C. 政府采购当事人只包括采购人和供应商
   D. 采购人进行政府采购使用的是财政性资金

8. 下列各项中,根据《政府采购法》的规定,不属于政府采购应当遵循的原则的是(　　)。
   A. 公开透明　　B. 公平竞争　　　C. 客观实际　　　D. 诚实信用

9. ( )负责对本级各部门、各单位和下级政府的预算执行和决算实行审计监督。

A. 各级政府

B. 各级人民代表大会常务委员会

C. 各级政府审计部门

D. 各级人民代表大会

10. 根据《预算法》的规定,下列各项中,属于各级政府在预算调整中应编制的资料是( )。

A. 决算方案   B. 预算调整方案

C. 预算执行情况报告   D. 预算批复报告

11. 根据《预算法》的规定,下列各项中,负责审查本级总预算草案及总预算执行情况的报告的是( )。

A. 各级人民代表大会

B. 各级人民代表大会常务委员会

C. 各级政府审计部门

D. 各级政府财政部门

12. 下列各项中,不属于政府采购中供应商权利的是( )。

A. 排斥其他供应商参与竞争的权利

B. 平等地获得政府采购信息的权利

C. 要求采购人保守其商业秘密的权利

D. 平等地取得政府采购供应商资格的权利

二、多项选择题

1. 下列各项中,( )不属于编制各级总预算的责任主体。

A. 各级财政部门

B. 各级人民代表大会常务委员会

C. 各级人民代表大会

D. 各级预算单位

2. 下列各项中,( )属于国家预算在经济活动中所发挥的作用。

A. 财力保证作用   B. 调节制约作用

C. 促进投资作用   D. 反映监督作用

3. 下列有关国家预算构成的说法中,正确的有( )。

A. 地方预算由省、自治区、直辖市总预算组成

B. 地方各级总预算由本级政府预算和汇总的下一级总预算组成

C. 中央政府预算由中央各部门的预算组成

D. 中央预算包括地方向中央上解的收入数额和中央对地方返还或给予补助的数额

4. 下列各项中,( )属于政府采购法律制度体系的构成内容。

A.《政府采购法》   B. 财政部颁布的政府采购规章

C. 政府采购地方性法规　　　　　　　D. 政府采购地方政府规章

5. 下列各项中,(　　)属于政府采购的集中采购模式优点。

A. 取得规模效益　　　　　　　　　　B. 降低采购成本

C. 保证采购质量　　　　　　　　　　D. 便于实施统一的管理和监督

6. 根据《政府采购法》的规定,下列各项中,(　　)属于供应商参与政府采购活动应具备的条件。

A. 具有独立承担民事责任的能力

B. 具有良好的商业信誉和健全的财务会计制度

C. 具有履行合同所必需的设备和专业技术能力

D. 有依法缴纳税收和社会保障金的良好记录

7. 下列各项中,(　　)属于国库集中支付方式。

A. 财政直接支付　　　　　　　　　　B. 财政授权支付

C. 财政直接缴库　　　　　　　　　　D. 财政集中汇缴

8. 关于国库单一账户体系中各类账户的功能,下列说法中,正确的有(　　)。

A. 财政部门零余额账户,用于财政直接支付和与国库单一账户支出清算;预算单位零余额账户用于财政授权支付和清算

B. 小额现金账户,用于记录、核算和反映预算单位的零星支出活动,并用于与国库单一账户清算

C. 特设专户,用于记录、核算和反映预算单位的特殊专项支出活动,并用于与国库单一账户清算

D. 预算外资金财政专户,用于记录、核算和反映预算外资金的收入和支出活动,并用于预算外资金日常收支清算

9. 下列关于财政直接支付的表述中,不正确的有(　　)。

A. 由中国人民银行向代理银行签发支付指令

B. 由财政部门向中国人民银行和代理银行签发支付指令

C. 代理银行根据财政部门支付指令通过国库单一账户体系将资金直接支付到收款人账户

D. 代理银行根据预算单位支付指令通过国库单一账户体系将资金直接支付到收款人账户

10. 下列各项中,(　　)属于各级政府编制的预算调整方案应当列明的事项。

A. 调整的原因　　　B. 调整的项目　　　C. 调整的数额　　　D. 调整的措施

11. 下列各项中,(　　)属于《预算法》规定的地方预算支出。

A. 地方本级支出

B. 地方按照规定上解中央的支出

C. 中央返还地方的支出

D. 中央补助地方的支出

12. 下列各项中,( )属于《预算法》规定的与财政部门直接发生预算缴款、拨款关系的企业和事业单位等各单位的预算职权。

    A. 编制本单位预决算草案

    B. 按照国家规定上缴预算收入

    C. 安排预算支出

    D. 接受国家有关部门的监督

13. 下列各项中,( )属于《预算法》规定的地方各级政府财政部门的职权。

    A. 具体编制本级预算、决算草案和预算调整方案

    B. 具体组织本级总预算的执行

    C. 提出本级预算预备费动用方案

    D. 定期向本级政府和上级政府财政部门报告本级总预算的执行情况

14. 下列关于财政授权支付的表述中,正确的有( )。

    A. 预算单位按照财政部门的授权,自行向代理银行签发支付指令

    B. 代理银行根据预算单位支付指令在财政部门批准的预算单位的用款额度内支付

    C. 代理银行通过预算单位基本户将资金支付到收款人账户

    D. 代理银行通过国库单一账户体系将资金支付到收款人账户

三、判断题

1. 根据《预算法》的规定,各级政府的上年结余,可以在下年用于上年结转项目的支出。
   ( )

2. 决算是对年度预算收支执行结果的会计报告。 ( )

3. 国务院于每年 11 月 10 日前向省、自治区、直辖市政府和中央各部门下达编制下一年度的预算草案的指示,提出编制预算草案的原则和要求。 ( )

4. 预算调整是指经批准的中央预算和地方各级预算,在执行中因特殊情况需要增加支出或减少收入,使原批准的收支平衡的预算的总支出超过总收入,或者使原批准的预算中举借债务的数额增加的部分变更。 ( )

5. 根据《预算法》的规定,中央预算和地方各级政府预算,应当参考上一年预算执行情况和本年度收支预测进行编制。 ( )

6. 各级政府预算经本级人民代表大会批准之后,本级政府应当及时向本级各部门批复预算。 ( )

7. 全国人民代表大会具有审查和批准中央预算草案的职权。 ( )

8. 地方各级预算中的直属单位是指与本级政府财政部门直接和间接发生预算缴款、拨款关系的企业和事业单位。 ( )

9. 下级政府只有本级预算的,下级政府总预算即指下级政府的本级预算。 ( )

10. 全国人民代表大会具有审查和批准地方预算草案及地方预算执行情况的报告的职权。 ( )

11. 政府采购中,采购机构可以向不同的投标人提供不同的信息。 ( )

12. 政府采购中,采购的货物规格、标准统一,现货货源充足且价格变化幅度小的政府采购项目,可以采用询价采购方式。　　　　　　　　　　（　　）

13. 集中采购机构的资格,必须由国务院有关部门或省级人民政府有关部门认定。
　　　　　　　　　　　　　　　　　　　　　　　　　　　　　（　　）

14. 政府集中采购目录和采购限额标准由各级政府部门确定并公布。　（　　）

15. 政府采购信息应当在省级以上财政部门指定的政府采购信息发布媒体上向社会公开发布。　　　　　　　　　　　　　　　　　　　　　　（　　）

16. 政府采购中的分散采购是指由各预算单位自行开展采购活动的一种采购组织形式。　　　　　　　　　　　　　　　　　　　　　　　　　　（　　）

17. 政府采购中,对于纳入集中采购目录属于本单位有特殊要求的项目,经省级以上人民政府批准,可以自行采购。　　　　　　　　　　　　　　　（　　）

18. 竞争性原则是实现采购目标的重要保证。　　　　　　　　　　（　　）

19. 预算收入征收部门必须依法及时、足额征收应征收的预算收入。（　　）

20. 根据《预算法》的规定,全国人民代表大会可以改变全国人民代表大会常务委员会关于预算、决算不适当的决议。　　　　　　　　　　　　　　　（　　）

21. 根据《预算法》的规定,与财政部直接发生预算缴款、拨款关系的企业和事业单位等各单位应当编制本单位预算、决算草案,安排预算支出。　　　　　（　　）

22. 供应商参加政府采购活动必须有依法纳税和社会保障资金的良好记录。（　　）

四、案例分析题

甲事业单位(以下简称甲单位)拟对其办公设备(均未纳入集中采购目录)进行政府采购。其中,A设备是不具备竞争条件的物品,只能从乙供应商处取得采购货物;根据B设备的采购条件,甲单位选择采用邀请招标方式予以采购;根据C设备的采购条件,甲单位选择采用竞争性谈判方式予以采购;根据D设备的采购条件,甲单位选择采用单一来源方式予以采购。

1. 以下采购方式中,可以作为甲单位政府采购方式的有(　　　)。
　　A. 公开招标　　　　　　　　　　B. 邀请招标
　　C. 竞争性谈判　　　　　　　　　D. 询价

2. 对于甲单位拟政府采购的A设备,应当采用的采购方式是(　　　)。
　　A. 公开招标　　　　　　　　　　B. 邀请招标
　　C. 竞争性谈判　　　　　　　　　D. 单一来源

3. 以下情形中,甲单位对B设备可以采用邀请招标方式采购的有(　　　　)。
　　A. B设备具有特殊性,只能从有限范围的供应商处采购
　　B. B设备采用公开招标方式的费用占政府采购项目总价值的比例过大
　　C. 发生了不可预见的紧急情况,B设备不能从其他供应商处采购
　　D. B设备只能从唯一供应商处采购

4. 以下情形中,甲单位对C设备可以采用竞争性谈判方式采购的有(　　　)。

A. C设备招标后没有供应商投标或者没有合格标的或者重新招标未能成立

B. C设备技术复杂或性质特殊,不能确定详细规格或具体要求

C. C设备采用招标所需时间不能满足甲单位紧急需要

D. 不能事先计算出C设备的价格总额

5. 以下情形中,甲单位对D设备可以采用单一来源方式采购的有( )。

A. D设备只能从唯一供应商处采购

B. D设备具有特殊性,只能从有限范围的供应商处采购

C. 发生了不可预见的紧急情况,D设备不能从其他供应商处采购

D. D设备必须保证原有采购项目一致性或服务配套要求,需要继续从原供应商处添购,且添购资金总额不超过原合同采购金额的10%

第五章　会计职业道德

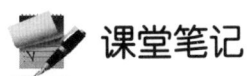 学习目标

1. 了解职业道德的功能
2. 熟悉会计职业道德的含义
3. 熟悉加强会计职业道德教育的途径
4. 掌握会计职业道德规范的主要内容

课堂笔记

第一节　会计职业道德概述

一、会计职业道德的概念与特征

会计职业道德,是指在会计职业活动中应当遵循的、体现会计职业特征的、调整会计职业关系的职业行为准则和规范。

会计作为社会经济活动中的一种特殊职业,除具有职业道德的一般特征外,还具有一定的强制性和较多关注公众利益的特征。

二、会计职业道德的功能与作用

(一) 会计职业道德的功能

(1) 指导功能。

(2) 评价功能。

(3) 教化功能。

(二) 会计职业道德的作用

(1) 会计职业道德是规范会计行为的基础。

（2）会计职业道德是实现会计目标的重要保证。

（3）会计职业道德是对会计法律制度的重要补充。

（4）会计职业道德是提高会计人员职业素养的内在要求。

三、会计职业道德与会计法律制度的关系

在规范会计行为时，既需要会计法律制度的强制功能，又需要会计职业道德的教化功能。

会计法律制度具有很强的他律性。

会计职业道德具有很强的自律性。

第二节　会计职业道德规范的主要内容

一、爱岗敬业

（一）爱岗敬业的含义

爱岗敬业，是指忠于职守的事业精神。

（二）爱岗敬业的基本要求

（1）正确认识会计职业，树立职业荣誉感。

（2）热爱会计工作，敬重会计职业。

（3）安心工作，任劳任怨。

（4）严肃认真、一丝不苟。

（5）忠于职守，尽职尽责。

（三）爱岗敬业的地位

（1）爱岗敬业是所有职业道德规范的共同要求、基本要求。

（2）爱岗敬业是会计职业道德的基础（出发点）。

二、诚实守信

（一）诚实守信的含义

诚实，是指言行跟内心思想一致，不弄虚作假、不欺上瞒下，做老实人，说老实话，办老实事。

（二）诚实守信的基本要求

（1）做老实人，说老实话，办老实事，不搞虚假。

（2）保密守信,不为利益所诱惑。

（3）执业谨慎,信誉至上。

（三）诚实守信的地位

（1）诚实守信是做人的基本准则,也是会计职业道德的精髓。

（2）诚实守信是会计职业道德的基本工作准则。

三、廉洁自律

（一）廉洁自律的含义

廉洁就是不贪污钱财,不收受贿赂,保持清白。

（二）廉洁自律的基本要求

（1）树立正确的人生观和价值观。

（2）公私分明,不贪不占。

（3）遵纪守法,一身正气。

（三）廉洁自律的地位

（1）廉洁自律是会计职业道德的前提,这既是会计职业道德的内在要求,也是会计职业声誉的"试金石"。

（2）廉洁自律是会计人员的行为准则,也是会计职业道德的灵魂。

四、客观公正

（一）客观公正的含义

客观,是指按事物的本来面目去反映,不掺杂个人的主观意愿,也不为他人意见所左右。

（二）客观公正的基本要求

（1）依法办事。

（2）实事求是。

（3）如实反映。

（三）客观公正的地位

客观公正是会计职业道德所追求的理想目标。

五、坚持准则

（一）坚持准则的含义

坚持准则,是指会计人员在处理业务的过程中,要严格按照会计法律制度办事,不为主观或他人意志左右。

（二）坚持准则的基本要求

（1）熟悉准则。

（2）遵循准则。

（3）敢于同违法行为作斗争。

（三）坚持准则的地位

坚持准则是会计职业道德的核心，是会计人员履行会计职责的标准和依据。

六、提高技能

（一）提高技能的含义

提高技能，是指会计人员通过学习、培训和实践等途径，持续提高上述职业技能，以达到和维持足够的专业胜任能力的活动。

（二）提高技能的基本要求

（1）具有不断提高会计专业技能的意识和愿望。

（2）具有勤学苦练的精神和科学的学习方法。

（三）提高技能的地位

不断地提高职业技能既是会计人员的义务，也是会计人员在职业活动中做到客观公正、坚持准则的基础，是参与管理的前提。

七、参与管理

（一）参与管理的含义

参与管理，是指间接参加管理活动，为管理者当参谋，为管理活动服务。

（二）参与管理的基本要求

（1）努力钻研业务，熟悉财经法规和相关制度，提高业务技能，为参与管理打下坚实的基础。

（2）熟悉服务对象的经营活动和业务流程，使管理活动更具针对性和有效性。

八、强化服务

（一）强化服务的含义

强化服务就是要求会计人员具有文明的服务态度、强烈的服务意识和优良的服务质量。

（二）强化服务的基本要求

（1）强化服务意识。

（2）提高服务质量。

第三节　会计职业道德教育

一、会计职业道德教育的含义

会计职业道德教育,是指根据会计工作的特点,有目的、有组织、有计划地对会计人员施加系统的会计职业道德影响,促使会计人员形成会计职业道德品质,履行会计职业道德义务的活动。

二、会计职业道德教育的形式

(1) 接受教育。

(2) 自我修养。

三、会计职业道德教育的内容

(1) 会计职业道德观念教育。

(2) 会计职业道德规范教育。

(3) 会计职业道德警示教育。

(4) 其他与会计职业道德相关的教育,主要有形势教育、品德教育、法制教育等。

四、会计职业道德教育的途径

(一) 接受教育的途径

(1) 岗前职业道德教育。

(2) 岗位职业道德继续教育。

(二) 自我修养的途径

1. 会计职业道德自我修养环节

(1) 形成正确的会计职业道德认知。

(2) 培养高尚的会计职业道德情感。

(3) 树立坚定的会计职业道德信念。

(4) 养成良好的会计职业道德行为。

2. 会计职业道德自我修养的途径

(1) 慎独慎欲。

（2）慎省慎微。

（3）自警自励。

第四节　会计职业道德建设组织与实施

（1）财政部门的组织推动。

（2）会计职业组织的行业自律。

（3）企事业单位内部监督。

（4）社会各界的监督与配合。

第五节　会计职业道德的检查与奖惩

一、会计职业道德检查与奖惩的意义

（1）会计职业道德的检查与奖惩，具有促使会计人员遵守职业道德规范的作用。

（2）会计职业道德的检查与奖惩，可以对各种会计行为进行裁决，对会计人员具有深刻的教育作用。

（3）会计职业道德的检查与奖惩，有利于形成抑恶扬善的社会环境。

二、会计职业道德检查与奖惩机制

（1）财政部门的监督检查：①会计职业道德建设与会计人员表彰奖励制度相结合；②采用多种形式开展会计职业道德宣传教育；③会计职业道德建设与会计专业技术资格考评、聘用相结合；④会计职业道德建设与会计执法检查相结合。

（2）会计行业组织的自律管理与约束。

（3）激励机制的建立。

 巩固训练

一、单项选择题

1.（　　）会计职业道德规范要求会计人员公私分明，不贪不占。

　　A. 爱岗敬业　　　　B. 诚实守信　　　　C. 廉洁自律　　　　D. 客观公正

2. (　　)会计职业道德规范要求会计人员在工作中应实事求是,不偏不倚,保持应有的独立性。

    A. 爱岗敬业　　　　B. 诚实守信　　　　　C. 廉洁自律　　　　D. 客观公正

3. 下列各项中,关于会计职业道德与会计法律制度的关系的表述,错误的是(　　)。

    A. 两者在实施过程中相互作用、相互补充

    B. 违反会计法律制度,一定违反会计职业道德

    C. 会计法律制度是会计职业道德的最低要求

    D. 违反会计职业道德,一定违反会计法律制度

4. 下列各项关于会计职业道德和会计法律制度的区别的表述中,正确的是(　　)。

    A. 会计法律制度具有很强的他律性,会计职业道德具有很强的自律性

    B. 会计法律制度调整会计人员的外在行为,会计职业道德只调整会计人员内在的精神世界

    C. 会计法律制度有成文规定,会计职业道德无具体的表现形式

    D. 违反会计法律制度可能受到法律制裁,违反会计职业道德只会受到道德谴责

5. 会计法律制度由(　　)来保障实施。

    A. 财政部门　　　　　　　　　　B. 会计行业组织

    C. 国家执法机关　　　　　　　　D. 金融机构

6. 下列各项中,不属于会计职业道德自我教育内容的是(　　)。

    A. 职业法制教育　　　　　　　　B. 职业义务教育

    C. 职业荣誉教育　　　　　　　　D. 职业节操教育

7. 会计人员经常会对自己的工作进行评价,对工作中的不足进行评判、剖析,这种自我教育的方式属于(　　)。

    A. 自重自省法　　　B. 自警自励法　　　C. 自我解剖法　　　D. 自律慎独法

8. 下列各项中,(　　)是对注册会计师职业道德的特别规定。

    A. 爱岗敬业　　　B. 诚实守信　　　C. 独立　　　　　D. 客观公正

9. 下列各项中,不属于会计职业道德主要作用的是(　　)。

    A. 对会计法律制度的重要补充

    B. 规范会计行为的基础,是实行会计目标的重要保证

    C. 会计人员提高素质的内在要求

    D. 对会计职务犯罪严加处罚

10. 职业道德的本质是由(　　)决定的。

    A. 社会实践　　　　　　　　　　B. 经济基础

    C. 社会经济关系　　　　　　　　D. 上层建筑

11. 职业道德具有职业性、继承性和(　　)的特征。

    A. 强制性　　　　B. 实践性　　　　C. 合法性　　　　D. 不变性

12.《公民道德建设实施纲要》中提出的职业道德主要内容为(　　)。

A. 诚信为本、依法治国、民主理财、科学决策、奉献社会

B. 爱岗敬业、诚实守信、办事公道、服务群众、奉献社会

C. 文明礼貌、助人为乐、爱护公物、保护环境、遵纪守法

D. 爱岗敬业、诚实守信、廉洁自律、客观公正、坚持准则、提高技能、参与管理、强化服务

13. （   ）是做人的基本准则,也是职业道德的精髓。

    A. 爱岗敬业   B. 诚实守信   C. 办事公道   D. 奉献社会

14. （   ）既是职业道德的出发点,也是职业道德的归宿。

    A. 秉公执法   B. 有法可依   C. 服务社会   D. 奉献社会

15. 会计人员热爱会计工作,安心本职岗位,忠于职守,尽心尽力,尽职尽责,这是会计职业道德中（   ）的具体体现。

    A. 爱岗敬业   B. 诚实守信   C. 提高技能   D. 强化服务

16. "坚持好制度胜于做好事,制度大于天,人情薄如烟",这句话体现的会计职业道德内容要求是（   ）。

    A. 参与管理   B. 提高技能   C. 坚持准则   D. 强化服务

17. 勤学苦练,不断进取是会计人员遵守（   ）会计职业道德的基本要求。

    A. 参与管理   B. 提高技能   C. 廉洁自律   D. 强化服务

18. 会计职业道德的诚实守信基本要求中侧重对注册会计师提出的要求是（   ）。

    A. 做老实人、说老实话、办老实事,不搞虚假

    B. 保密守信,不为利益所诱惑

    C. 执业谨慎,信誉至上

    D. 实事求是,不偏不倚

19. （   ）会计职业道德规范要求会计人员在工作中应主动就单位经营管理中存在的问题提出合理化建议,协助领导决策。

    A. 提高技能   B. 参与管理   C. 坚持准则   D. 爱岗敬业

20. 下列关于会计职业道德的表述中,正确的是（   ）。

    A. 相对于会计法律制度,会计职业道德是对会计从业人员行为的最低限度的要求

    B. 会计职业道德对会计人员基本上是非强制执行的,具有很强的自律性

    C. 会计职业道德具有强制性

    D. 会计职业道德在时间上和空间上对会计人员的影响没有会计法律制度广泛、持久

21. 下列关于会计职业道德教育的形式,说法正确的是（   ）。

    A. 接受教育和自我教育   B. 正规学历教育和单位培训

    C. 岗位轮换和技能培训   D. 岗位轮换和自我学习

22. 下列各项中,（   ）不属于会计职业道德教育的途径。

    A. 会计学历教育   B. 会计人员继续教育

    C. 会计人员自我教育   D. 会计专业技术资格考试

23. 下列各项中,不属于会计职业道德教育的内容的是(　　)。

    A. 形势教育　　　B. 专业理论教育　　　C. 品德教育　　　　　D. 法制教育

24. 在现实社会中,道德准则和法律制度是(　　)的。

    A. 相互联系　　　B. 相互排斥　　　　　C. 相互制约　　　　　D. 完全等同

25. 下列关于会计职业道德与会计法律制度主要区别的说法中,正确的是(　　)。

    A. 两者的目标不同　　　　　　　　　B. 两者的调整对象不同

    C. 两者的作用范围不同　　　　　　　D. 两者的职责不同

26. 会计人员在独立工作、无人监督时,仍能坚持自己的道德信念,依据一定的道德原则
    去行事,坚持准则,不做任何对国家、对社会、对他人不道德的事情。这种自我教育
    的方法属于(　　)。

    A. 自我解剖法　　B. 自重自省法　　　　C. 自律慎独法　　　　D. 自警自励法

27. 在我国,组织和推动会计职业道德建设,并对相关工作依法行政的机构是(　　)。

    A. 市场监督管理部门　　　　　　　　B. 财政部门

    C. 会计行业组织　　　　　　　　　　D. 其他机构

28. 赵某捡到 1 000 元钱,准备采取以下几种方式进行处理,其中符合社会主义道德要
    求的是(　　)。

    A. 将所捡到的 1 000 元钱以赵某个人名义捐给希望工程

    B. 找到失主后,要求失主支付 500 元作为报酬,其余 500 元还给失主

    C. 将所捡到的 1 000 元钱交给当地派出所

    D. 将所捡到的 1 000 元钱替隔壁住院的烈士家属王大爷支付住院费

29. "对认真执行本法,忠于职守,坚持原则,作出显著成绩的会计人员,给予精神的或物
    质的奖励",作出这一规定的会计法律规范是(　　)。

    A.《会计法》　　　　　　　　　　　　B.《会计基础工作规范》

    C.《注册会计师法》　　　　　　　　　D.《总会计师条例》

30. 下列各项中,要求会计人员熟悉国家法律、法规和国家统一的会计制度,始终保持按
    法律、法规和国家统一的会计制度的要求进行会计核算,实施会计监督的会计职业
    道德原则是(　　)。

    A. 廉洁自律　　　B. 坚持准则　　　　　C. 客观公正　　　　　D. 提高技能

31. (　　)会计职业道德原则要求会计人员树立服务意识,提高服务质量,努力维护和
    提升会计职业的良好社会形象。

    A. 爱岗敬业　　　B. 客观公正　　　　　C. 提高技能　　　　　D. 强化服务

32. (　　)既是会计人员必须具备的行为品德,也是会计职业道德的灵魂。

    A. 提高技能　　　B. 坚持准则　　　　　C. 客观公正　　　　　D. 廉洁自律

33. "常在河边走,就是不湿鞋"这句话体现的会计职业道德要求是(　　)。

    A. 诚实守信　　　B. 廉洁自律　　　　　C. 坚持准则　　　　　D. 提高技能

34. 下列关于道德惩罚与法律惩罚关系的表述中,正确的是(　　)。

A. 道德惩罚可以替代法律惩罚　　　　B. 法律惩罚可以替代道德惩罚

C. 法律惩罚和道德惩罚并行不悖　　　　D. 法律惩罚和道德惩罚相互排斥

二、多项选择题

1. 下列有关会计职业道德"客观公正"的表述中,正确的有(　　　)。

A. 依法办事是会计工作保证客观公正的前提

B. 扎实的理论功底和较高的专业技能是做到客观公正的重要条件

C. 在会计工作中,客观是公正的基础,公正是客观的反映

D. 会计活动的整个过程都离不开客观公正

2. 岗前会计职业道德教育的重点包括(　　　)。

A. 会计职业观念　　　　　　　　　B. 会计职业规范

C. 会计职业情感　　　　　　　　　D. 会计职业品德

3. 会计职业道德观念教育的目的有(　　　)。

A. 树立会计职业道德观念

B. 了解会计职业道德对社会经济秩序的影响

C. 了解会计职业道德对会计信息质量的影响

D. 了解违反会计职业道德将受到的惩戒和处理

4. 会计职业道德观念教育的主要途径是会计人员的(　　　)。

A. 会计学历教育　　　　　　　　　B. 会计继续教育

C. 警示教育　　　　　　　　　　　D. 规范教育

5. 会计继续教育中对会计人员职业教育的内容有(　　　)。

A. 形势教育　　　B. 专业理论教育　　　C. 品德教育　　　　D. 法制教育

6. 会计人员如果泄露本单位的商业秘密,可能导致的后果有(　　　)。

A. 会计人员的信誉将受到损害

B. 单位的经济利益将受到损失

C. 会计职业声誉将受到损害

D. 会计人员将承担法律责任

7. 小王是某代理记账公司提供专业服务的会计人员,其在为客户提供的下列服务中, 违背会计职业道德要求的做法有(　　　)。

A. 向委托单位提出改进内部会计控制建议

B. 利用专业知识向委托单位提出逃税建议

C. 向委托单位提出合理降低成本建议

D. 为帮助委托单位负责人完成年度业绩,提出将固定资产折旧和银行借款利息挂 账处理建议

8. 下列行为中,规定不能参加高级会计师评审的有(　　　)。

A. 参与偷税

B. 提供虚假财务报告

C. 因为安全问题受到行政处分

D. 没有完成本单位财务预算

9. 下列各项中,属于违反会计职业道德由职业团体通过自律性监管给予惩罚的形式的有( )。

A. 责令限期改正

B. 罚款

C. 取消会计专业技术考试报名

D. 在本行业内进行通报批评

10. 下列各项中,属于企事业单位会计职业道德建设组织与实施内容的有( )。

A. 单位任用合格会计人员

B. 在日常工作中加强会计人员职业道德教育,加强检查

C. 建立和完善内部控制制度,形成内部约束机制

D. 单位负责人要做遵纪守法的表率

11. 广义的职业道德涵盖了( )之间的关系。

A. 从业人员与服务对象　　　　　　　　B. 职业与职工

C. 职业与职业　　　　　　　　　　　　D. 职业与行业

12. 下列各项中,属于职业道德的主要内容的有( )。

A. 服务群众　　　B. 爱岗敬业　　　　C. 遵纪守法　　　　D. 参与管理

13. 会计职业道德"爱岗敬业"的要求是会计人员热爱会计工作,( )。

A. 安心本职工作　　　　　　　　　　　B. 忠于职守

C. 尽心尽力　　　　　　　　　　　　　D. 尽职尽责

14. 会计职业道德"诚实守信"的要求是会计人员做老实人、说老实话、办老实事、执业谨慎、信誉至上、( )。

A. 不为利益所诱惑　　　　　　　　　　B. 不弄虚作假

C. 不贪不占　　　　　　　　　　　　　D. 不泄露秘密

15. 忠于职守,尽心尽力,尽职尽责,要求会计人员忠实于( )。

A. 服务主体　　　　　　　　　　　　　B. 家人和亲戚朋友

C. 社会公众　　　　　　　　　　　　　D. 国家

16. 下列对参与管理与强化服务的关系表述中,正确的有( )。

A. 参与管理是强化服务的一种表现形式

B. 强化服务有利于参与管理

C. 不参与管理,也完全可以提高服务水平和质量

D. 不强化服务,就难以保持参与管理的热情和动力

17. 下列关于会计职业道德调整对象的表述中,正确的有( )。

A. 调整会计职业关系

B. 调整会计职业中的经济利益关系

C. 调整会计职业内部从业人员之间的关系

D. 调整与会计活动有关的所有关系

18. 注册会计师职业道德包括的内容有（　　）。

  A. 职业品德   B. 职业纪律

  C. 专业胜任能力   D. 职业责任

19. 下列关于会计职业道德与会计法律制度关系的表述中，正确的有（　　）。

  A. 两者在实施过程中相互作用、相互补充

  B. 前者具有自律性，后者具有他律性

  C. 两者在内容上相互渗透、相互重叠

  D. 前者具有他律性，后者具有自律性

20. 会计职业道德与会计法律制度的区别为（　　）。

  A. 两者性质不同   B. 两者作用范围不同

  C. 两者表现形式不同   D. 两者实施保障机制不同

21. 会计职业道德教育的形式有（　　）。

  A. 接受教育   B. 岗位轮换   C. 自我教育   D. 单位培训

22. 会计职业道德修养的基本环节包括（　　）。

  A. 道德认知   B. 道德理想   C. 道德情感   D. 道德行为

23. 对认真执行《会计法》，忠于职守，坚持原则，作出显著成绩的会计人员进行奖励的方式有（　　）。

  A. 晋升工资   B. 发放奖金   C. 授予荣誉称号   D. 颁发荣誉证书

24. （　　）对会计职业道德建设的组织和实施需健全制度和机制，齐抓共管，保证会计职业道德建设的各项任务和要求落到实处。

  A. 各级财政部门   B. 会计职业团体

  C. 社会舆论监督部门   D. 企事业单位

25. 会计职业道德规范的实施途径主要有（　　）。

  A. 自我修养与外部监督相结合   B. 宣传教育与检查惩戒相结合

  C. 行业自律与政府监督相结合   D. 道德规范与法律监管相结合

26. 下列单位或部门中，可以对违反职业道德的会计人员进行处罚的有（　　）。

  A. 财政部门   B. 业务主管部门

  C. 行业自律组织   D. 所在单位

27. 会计职业道德"强化服务"对会计人员的要求有（　　）。

  A. 强化服务意识

  B. 提高服务质量

  C. 保持应有的谨慎性

  D. 努力维护和提升会计职业的良好社会形象

28. 下列各项中，符合会计职业道德"参与管理"要求的有（　　）。

A. 对企业财务报告进行综合分析,并提交风险预警报告

B. 参加公司重大投资项目的可行性研究分析

C. 分析坏账形成的原因,提出加强授信管理、加快货款回收建议

D. 分析现金流量状况,查找存在的问题,提出改进措施

29. 下列各项中,能体现"提高技能"这一道德要求的有( )。

    A. 安心工作,任劳任怨   B. 勤学苦练,刻苦钻研

    C. 不断进取,精益求精   D. 忠于职守,尽心尽责

30. 下列有关会计职业道德"自律"的表述中,正确的有( )。

    A. 自律是职业道德的最重要形式

    B. 会计职业自律包括会计人员自律和会计行业自律

    C. 自律是会计职业道德的最高阶段

    D. 自律是指会计人员将会计职业道德原则内化为自己职业追求的道德品格过程

31. 下列各项中,体现会计职业道德特征的有( )。

    A. 会计人员自身必须廉洁   B. 具有一定的强制性

    C. 具有一定的他律性   D. 较多关注公众利益

32. 下列各项中,属于会计职业道德中非强制性要求内容的有( )。

    A. 提高技能   B. 强化服务   C. 参与管理   D. 奉献社会

33. 下列各项中,属于会计职业道德规范内容的有( )。

    A. 廉洁自律   B. 强化服务   C. 提高技能   D. 参与管理

三、判断题

1. 会计职业道德以会计人员享有的权利和义务为标准来判定其行为是否违背职业道德。   ( )

2. 当单位利益与社会公众利益发生冲突时,会计人员应该优先维护社会公众利益。   ( )

3. 会计职业强化服务的结果,就是奉献社会。   ( )

4. 注册会计师保持独立性是指注册会计师应当恪守职业良心,保持实质上的独立,而并不要求形式上的独立。   ( )

5. 会计职业道德与会计法律制度一样,都是以国家的强制力来保障实施的。   ( )

6. 会计行为的规范性主要依赖于会计人员的道德信念和品质来实现。   ( )

7. 会计职业道德与会计法律制度两者有着共同的目标和相同的调整对象。   ( )

8. 加强理论学习是会计职业道德修养的根本途径。   ( )

9. 对会计人员开展以会计职业道德规范为主要内容的教育,是会计职业道德教育的核心内容。   ( )

10. 财政部门应组织和推动会计职业道德建设,依法行政。   ( )

11. 会计职业道德是一种职业规范,应由会计行业组织对不遵守会计职业道德的会计人员(会员)进行惩戒,其他部门和单位不宜处理。   ( )

12. 会计职业道德教育的途径主要有接受教育和自我教育。 （ ）

13. 在现阶段,社会处于转型时期,会计职业环境十分复杂,能够按照会计制度办事的会计人员就是十分优秀的会计人员。 （ ）

14. 会计职业道德情感、会计职业道德意志和会计职业道德信念,要通过内在的自我教育才能实现。因此,有效开展会计职业道德教育的唯一途径就是依靠自我教育。 （ ）

15. 会计职业道德是会计人员在会计职业活动中应当遵循的职业行为准则和规范。 （ ）

16. 会计职业道德是会计法律制度正常运行的社会基础和思想基础。 （ ）

17. 会计法律制度是促进会计职业道德规范形成和遵守的制度保障。 （ ）

18. 会计职业道德与会计法律制度具有相同的调整对象,但是承担着不同的职责。 （ ）

19. 会计职业道德允许个人和各经济主体获取合法的自身利益,但反对通过损害国家和社会公众利益获取违法利益。 （ ）

20. 会计职业道德具有一定的强制性。 （ ）

21. 会计职业道德规范中的"坚持准则"就是指坚持按会计准则做账。 （ ）

22. 会计行业组织在会计职业道德建设中可以依法行政。 （ ）

23. "常在河边走,就是不湿鞋"体现的会计职业道德规范是廉洁自律。 （ ）

24. 会计职业道德的"强化服务"就是要求会计人员树立服务意识,提高服务质量,努力维护和提升会计职业的良好社会形象。 （ ）

25. 实事求是,不偏不倚体现的是会计职业道德规范的"诚实守信"原则的要求。 （ ）

26. 客观公正,即要求会计人员端正态度、依法办事、实事求是、不偏不倚、保持应有的独立性。 （ ）

27. 会计人员遵循参与管理的职业道德原则,就是要积极主动地参与到企业管理工作中,对企业经营活动作出决策。 （ ）

28. 社会实践是会计职业道德自我教育与修养的根本途径。 （ ）

29. 加强理论学习是会计职业道德教育自我教育的唯一途径。 （ ）

30. 会计职业道德检查的目的是为进行会计职业道德奖惩提供依据。 （ ）

31. 单位负责人应支持并督促会计人员遵守会计职业道德,依法开展会计工作。 （ ）

32. 会计职业道德与会计法律制度的作用范围不同,它侧重于调整会计人员内在的精神世界。 （ ）

33. 会计职业道德的表现形式既有明确的成文规定,也有不成文的规范,存在于人们的意识和信念之中。 （ ）

34. 会计职业道德既有国家法律相应要求,又要求会计人员自觉遵守。 （ ）

35. 会计法律制度是会计职业道德的最低要求。 （ ）

36. 会计人员违反会计职业道德必将受到法律惩戒。 （ ）

37. 会计行业的自律机制和会计职业道德惩戒制度是由财政部门组织建立的。（　　）

38. 中国注册会计师协会是我国注册会计师的行业自律组织,对注册会计师进行自律管理和约束。（　　）

39. 将会计执法检查与会计职业道德检查相结合是财政部门对会计职业道德进行监督检查的途径之一。（　　）

四、案例分析题

高科电子公司(以下简称公司)会计周丽因工作努力,钻研业务,积极提出合理化建议,多次被公司评为先进会计工作者。周丽的丈夫在一家私有电子企业担任总经理,在其丈夫的多次请求下,周丽将在工作中接触到的公司新产品研发计划及相关会计资料复印件提供给其丈夫,给公司造成了一定的损失,但尚未构成犯罪。公司认为她不宜继续担任会计工作。

1. 对周丽违反会计职业道德行为的处罚依据是(　　)。
   A.《会计法》　　　　　　　　　　B.《民法通则》
   C.《会计基础工作规范》　　　　　D.《刑法》

2. 周丽工作努力,钻研业务,积极提供合理化建议,体现了她具有(　　)的会计职业道德。
   A. 爱岗敬业　　　B. 客观公正　　　C. 提高技能　　　D. 参与管理

3. 对周丽违反会计职业道德的行为可由(　　)给予处罚。
   A. 财政部门　　　　　　　　　　B. 会计职业团体
   C. 高科电子公司　　　　　　　　D. 公安机关

4. 周丽给其丈夫提供资料复印件,违背了(　　)的会计职业道德。
   A. 爱岗敬业　　　B. 诚实守信　　　C. 坚持准则　　　D. 提高技能

5. 如果不让周丽参与会计工作,那么周丽不能任职(　　)。
   A. 稽核　　　　　　　　　　　　B. 工资核算
   C. 财产物资的收发　　　　　　　D. 出纳

期末模拟考卷一

得分	评卷人

一、单项选择题(下列各题只有一个正确答案,每题 1 分,共 **40 题**。不选、错选均不得分。)

1. 开证银行若受理申请人的开证申请,应收取不少于开证金额( )的保证金。
   A. 20% B. 30% C. 40% D. 50%

2. 《会计法》规定,( )负责单位内部会计监督制度的组织实施,并承担最终责任。
   A. 会计机构负责人 B. 总会计师
   C. 记账人员 D. 单位负责人

3. 存款人日常经营活动的资金收付只能通过( )支取。
   A. 基本存款账户 B. 一般存款账户
   C. 临时存款账户 D. 专用存款账户

4. 申请人缺少解讫通知要求退款的,出票银行应于银行汇票提示付款期满( )后办理。
   A. 10 日 B. 30 日 C. 1 个月 D. 3 个月

5. 纳税人已在市场监督管理机关办理变更登记的,应当自市场监督管理机关变更登记之日起( )日内,申报办理变更登记。
   A. 30 B. 15 C. 45 D. 60

6. 临时存款账户的有效期最长不得超过( )。
   A. 6 个月 B. 1 年 C. 2 年 D. 5 年

7. 根据《税收征收管理法实施细则》的规定,邮寄申报以( )为实际申报日期。
   A. 寄出的邮戳日期 B. 到达的邮戳日期
   C. 税务机关实际收到的日期 D. 填制纳税申报表的日期

8. 凡有现金收入的单位,其现金收入应于当日及时交存( )。
   A. 财务部门 B. 开户银行 C. 出纳员保管 D. 单位保险柜

9. 税收征收管理工作的中心环节是( )。
   A. 税务登记 B. 纳税申报 C. 税款征收 D. 税务检查

10. 某企业每天的零星开支为 6 000 元,根据银行规定,该单位库存现金限额最多为( )元。
    A. 6 000 B. 12 000 C. 18 000 D. 30 000

11. 某百货商场直接卖给消费者个人化妆品,其发票金额合计 18.08 万元,该消费品的增值税税率为13％,化妆品消费税税率为30％,该商场应缴纳消费税为(   )万元。

    A. 16   B. 4.8   C. 5.62   D. 8.8

12. 我国各级预算都要采用(   )原则。

    A. 借贷平衡   B. 浮动盈亏   C. 大致平衡   D. 收支平衡

13. 当经济主体利益与国家利益和社会公众利益出现矛盾时,会计人员应把(   )放在首位。

    A. 经济主体利益   B. 会计人员经济利益

    C. 社会公众利益   D. 会计人员家庭经济利益

14. 下列单位中,不能开立基本存款账户的是(   )。

    A. 单位附属独立核算的幼儿园   B. 企业集团下属的分公司

    C. 机关   D. 单位附属非独立核算的单位

15. 企业的下列做法中,符合《会计法》规定的是(   )。

    A. 不得随意改变费用、成本的确认标准或计量方法,虚列、多列、不列或少列费用、成本

    B. 会计记录文字只使用少数民族文字,记账本位币同时使用人民币和美元

    C. 记账凭证的编号从每季开始起编,账簿设置内外两套账

    D. 随意改变资产、负债、所有者权益的确认标准或计量方法,虚列、多列、不列或少列资产、负债

16. 会计工作的政府监督中,下列无权代表国家对各单位的财务会计工作实施监督的机关是(   )。

    A. 财政部门   B. 税务部门

    C. 审计部门   D. 市场监督管理部门

17. 会计职业道德修养的最终目的是(   )。

    A. 形成正确的会计职业道德认知

    B. 培养高尚的会计职业道德情感

    C. 树立坚定的会计职业道德信念

    D. 养成良好的会计职业道德行为

18. 下列关于在中国境内填写票据和结算凭证的表述中,不正确的是(   )。

    A. 票据和结算凭证的中文大写金额数字应用正楷或行书填写,用繁体字填写的也应受理

    B. 阿拉伯小写金额数字前面,均应填写人民币符号"￥"

    C. 少数民族地区和外国驻华使领馆根据实际需要,金额大写必须使用少数民族文字或外国文字

    D. 票据的出票日期必须使用中文大写,小写的银行不予受理

19. 可以对有重大违法嫌疑的被监督单位开立账户的金融机构进行查询的部门是(   )。

    A. 国务院财政部门及其派出机构   B. 省级财政部门

    C. 市级财政部门   D. 县级财政部门

20. 纳税人未按规定办理税务登记证件验证或换证的,(　　)。
    A. 税务机关责令纳税人限期改正,不改正的可以处 2 000 元以下的罚款
    B. 情节严重的,处 2 000 元以上 5 000 元以下的罚款
    C. 情节严重的,处 2 000 元以上 1 万元以下的罚款
    D. 由税务机关注销税务登记

21. 依法建账是会计核算中的最基本要求之一。这里所说的"依法建账"中的"法"是指(　　)。
    A.《会计法》
    B.《会计基础工作规范》
    C.《公司法》
    D.《会计法》《会计基础工作规范》和其他一些法律、行政法规

22. 根据增值税专用发票开具时限的规定,采用(　　)结算方式的为收到货款的当天。
    A. 预收货款　　　B. 托收承付　　　C. 委托银行收款　　　D. 直接收款

23. 出票银行签发的,由其在见票时按实际结算金额无条件支付给收款人或持票人的票据是(　　)。
    A. 商业汇票　　　B. 银行汇票　　　C. 银行本票　　　D. 支票

24. 下列各项中,属于银行汇票绝对记载事项的是(　　)。
    A. 出票人签章　　　B. 付款日期　　　C. 付款地　　　D. 出票地

25. (　　)会计职业道德原则要求会计人员在工作中应主动就单位经营管理中存在的问题提出合理化建议,协助领导决策。
    A. 提高技能　　　B. 参与管理　　　C. 坚持准则　　　D. 爱岗敬业

26. 下列各项中,不违反《会计法》的是(　　)。
    A. 乙企业向不同的会计资料使用者提供了附加针对性财务分析会计报告的说明
    B. 甲企业应乙企业的要求,将共同负担的原始凭证的复印件提供给乙企业用于账务处理
    C. 丙企业因会计主管出差,将部分未经审核的会计凭证记入账簿
    D. 甲企业拟销毁一批保管期满的会计档案,由总会计师在会计档案销毁清册上签署意见后销毁

27. 根据我国《票据法》的规定,票据上的记载事项中,可以更改的事项是(　　)。
    A. 票据金额　　　B. 出票日期　　　C. 付款人名称　　　D. 收款人名称

28. 根据我国《会计法》的规定,作为记账凭证的编制依据必须是(　　)的原始凭证和有关资料。
    A. 经办人签字　　　B. 领导认可　　　C. 金额无误　　　D. 经过审核

29. 会计工作交接完毕后,(　　)可以不在移交清册上签名或盖章。
    A. 会计机构负责人　　　　　　B. 监交人
    C. 移交人　　　　　　　　　　D. 接交人

30. 下列选项中,不属于国务院财政部门职权的是(   )。

    A. 具体编制中央预算、决算草案   B. 具体组织中央和地方预算的执行

    C. 组织中央和地方预算的执行   D. 具体编制中央预算的调整方案

31. 一般情况下,上市公司适用的税款征收方式是(   )。

    A. 查账征收   B. 查定征收   C. 查验征收   D. 定期定额征收

32. 下列关于税收作用的表述中,错误的是(   )。

    A. 税收是国家组织财政收入的次要形式

    B. 税收是国家调控经济运行的重要手段

    C. 税收具有维护国家政权的作用

    D. 税收是国际经济交往中维护国家利益的可靠保证

33. 下列选项中,不属于支票的基本当事人的是(   )。

    A. 出票人   B. 收款人   C. 付款人   D. 背书人

34. 伪造会计凭证和会计账簿是指(   )。

    A. 在正规账簿之外,设置另外一套账

    B. 用涂改的方法改变会计凭证或账簿的真实内容

    C. 采用销毁原始凭证的方法隐瞒真实业务内容

    D. 以虚假的经济业务事项为前提编制会计凭证或账簿

35. 中国人民解放军总后勤部可以依照《会计法》和国家统一的会计制度制定军队实施国家统一的会计制度的具体办法,报(   )备案。

    A. 国务院   B. 中央军委

    C. 国务院财政部门   D. 国家审计部门

36. 银行撤销单位银行结算账户时应在其基本存款账户开户登记证上注明销户日期并签章,同时于撤销银行结算账户之日起(   )内,向中国人民银行报告。

    A. 2个工作日   B. 2日   C. 3日   D. 3个工作日

37. 某小型微利企业经主管税务机关核定,2020年亏损20万元,2021年盈利35万元,该企业2021年应缴的企业所得税为(   )万元。

    A. 1.5   B. 2.25   C. 3   D. 3.75

38. 根据我国《会计法》的规定,企业在年中开业的会计年度是(   )。

    A. 公历1月1日起至12月31日止

    B. 农历1月1日起至12月31日止

    C. 公历开业之日起至12月31日止

    D. 农历10月1日起至次年9月30日止

39. 下列不属于单位、个人和银行办理支付结算必须遵守的原则是(   )。

    A. 不得出租或出借银行账户

    B. 谁的钱进谁的账,由谁支配

    C. 银行不垫款

D. 恪守信用,履约付款

40. 在我国,组织和推动会计职业道德建设,并对相关工作依法行政的机构是(   )。

    A. 市场监督管理部门   B. 财政部门

    C. 会计行业组织   D. 其他机构

得分	评卷人

二、多项选择题(下列各题有两个或两个以上正确答案,每题 **2** 分,共 **10** 题。不选、少选、多选或错选均不得分。)

1. 单位内部会计控制的主要内容包括(   )。

    A. 货币资金   B. 成本费用   C. 担保   D. 实物资产

2. 可以办理支付结算的金融机构有(   )。

    A. 银行   B. 城市信用合作社

    C. 农村信用合作社   D. 邮政储蓄机构

3. 会计法律关系主体除享有经济权利外,还应承担相应的经济义务,这种经济义务包括(   )。

    A. 必须为或不为一定的行为,这一行为的目的在于满足权利主体的利益需要

    B. 实施的义务行为是在法定的范围内进行的,超越法律规定的范围,义务主体不受限制和约束

    C. 不履行义务就应承担相应的法律责任,受到法律的制裁

    D. 在其合法权利受到侵害或不能实现的时候,可依法请求国家有关权力机关给予强制力保护

4. 银行结算账户一般分为(   )。

    A. 基本存款账户   B. 特殊存款账户

    C. 临时存款账户   D. 专用存款账户

5. 下列单位中,可以开立基本存款账户的有(   )。

    A. 企业法人   B. 武警团级以上(含团级)部队

    C. 社会团体   D. 外国驻华机构

6. 下列各项中,属于内部会计控制内容的有(   )。

    A. 实物资产   B. 对外投资   C. 利润分配   D. 采购与付款

7. 结账是在将本期内所发生的经济业务全部登记入账的基础上,按照规定的方法对该期内的账簿记录进行小结,结算出本期发生额合计和余额,并将其余额结转下期或者转入新账。按照不同的会计期间,结账可分为(   )。

    A. 日结   B. 月结   C. 季结   D. 年结

8. 根据《税收征收管理法》的规定,下列情形中,税务机关有权核定其应纳税额的情形有(   )。

    A. 擅自销毁账簿或拒不提供纳税资料的

    B. 虽设置账簿,但账目混乱难以查账的

C. 两次偷税被处罚后又偷税的

D. 纳税人申报的计税依据明显偏低,又无正当理由的

9. 助理会计师任职的基本条件有(　　)。

A. 能担任一个方面或某个重要岗位的财务会计工作

B. 取得硕士学位,或取得第二学士学位或研究生班结业证书,具备履行助理会计师职责的能力

C. 大学本科毕业,在财务会计工作岗位见习半年期满

D. 中等专业学校毕业并担任会计员职务4年以上

10. 我国会计法律制度的基本构成为(　　)。

A. 会计法律　　　　　　　　　　B. 会计行政法规

C. 会计部门规章　　　　　　　　D. 地方性会计法规

得分	评卷人

三、判断题(每题1分,共20题,正确的打"√",错误的打"×"。不答不得分。)

1. 《会计法》规定,虽未被追究刑事责任,但有严重违法违纪行为的会计人员,2年内不得从事会计工作。　　　　　　　　　　　　　　　　　　　　　　(　　)

2. 出纳人员兼管收入的记账工作有违内部稽核制度。　　　　　　　　(　　)

3. 票据背书时可以使用粘单,但第一位使用粘单的背书人必须将粘单黏接在票据上,并且在汇票和粘单的黏接处签章,否则该粘单记载的内容无效。　(　　)

4. 经县级以上税务机关批准,纳税人可以延期缴纳税款。　　　　　　(　　)

5. 总会计师有对本单位财务收支的审批签署权。　　　　　　　　　　(　　)

6. 因病或其他特殊原因不能亲自办理移交手续委托他人代办交接的,委托人应当对所移交的会计凭证、会计账簿、财务会计报告和其他有关资料的真实性、完整性承担法律责任。　　　　　　　　　　　　　　　　　　　　　　(　　)

7. 行政处分的制裁权是各级行政机关的固有权力,行政处罚权来源于外部行政管理权。
　　　　　　　　　　　　　　　　　　　　　　　　　　　　　　(　　)

8. 对犯罪分子只能判处一种主刑;对同一犯罪行为只能在主刑之后判处一个或两个以上的附加刑。　　　　　　　　　　　　　　　　　　　　　　　　(　　)

9. 单位和个人违反规定开立和使用账户,对其承担的行政责任,由相关行政部门委托商业银行执行。　　　　　　　　　　　　　　　　　　　　　　　　(　　)

10. 个人银行结算账户用于办理个人转账收付和现金支取,储蓄存款账户既可以办理现金存取业务,也可以办理转账结算。　　　　　　　　　　　　　　(　　)

11. 托收承付结算每笔的金额起点为2万元。　　　　　　　　　　　　(　　)

12. 职工公出借款凭据,应当附在记账凭证之后,收回借款时,可退还借款收据。(　　)

13. 能否对社会整体利益负责是衡量会计人员是否称职的基本标准。　　(　　)

14. 电汇是汇出行通过电报方式通知汇入行支付汇款的汇兑结算方式。　(　　)

15. 县级以上各级人民代表大会常务委员会有权审查和批准预算的调整方案。（　　）

16. 财政部门在销毁会计档案时,应当由上级财政部门派员参加监销。（　　）

17. 银行自开立临时存款账户之日起 3 个工作日内应书面通知基本存款账户开户银行。

（　　）

18. 原始凭证金额上小写金额有错误的,应按照划线更正法予以更正,并且签章;大写金额有错误的,应当由出具单位重开,不得在原始凭证上更正。（　　）

19. 会计监督体系包括政府监督和社会监督两个层次。（　　）

20. 接替人员应当另立新账,保证责任的划分。（　　）

得分	评卷人

四、案例分析题(每个选项 2 分,共 2 道大题,20 分。答错、不答均不得分。)

(一)中国居民王某任职于某化妆品公司,2021 年收入情况如下:

(1) 从化妆品公司取得基本工资 12 000 元/月,加班工资 1 000 元/月,独生子女补贴 200 元/月,差旅费津贴 1 800 元/月,专项扣除 2 250 元/月。

(2) 8 月份出租居住用房获得租金收入 3 500 元,当月发生修理费 1 000 元。

(3) 取得国债利息收入 1 000 元。

(4) 在某单位兼职取得报酬 2 000 元/月。

(5) 彩票中奖 20 000 元。

王某为独生女;王某的独生子正在读高中二年级;王某当年接受计算机专业技术人员职业资格继续教育,并取得相关证书,支出为 5 000 元。经约定符合条件的子女教育专项附加扣除由王某 100％扣除,继续教育专项附加扣除由王某本人扣除。

1. 下列各项中,属于王某的"工资、薪金所得"应税项目的有(　　)。

　　A. 基本工资　　　　　　　　　　B. 加班工资

　　C. 独生子女补贴　　　　　　　　D. 差旅费津贴

2. 王某 2021 年全年应缴纳个人所得税中,属于综合所得的应纳税额是(　　)元。

　　A. 4 560　　　　B. 4 800　　　　C. 4 600　　　　D. 4 740

3. 王某 8 月份出租居住用房获得租金收入应缴纳个人所得税的计算公式是(　　)。

　　A. (3 500－1 000－800)×20％　　　B. (3 500－1 000－800)×10％

　　C. (3 500－800－800)×20％　　　　D. (3 500－800－800)×10％

4. 王某取得的下列收入中,属于应税收入的是(　　)。

　　A. 出租居住用房获得租金 3 500 元

　　B. 取得国债利息收入 1 000 元

　　C. 在某单位兼职取得报酬 2 000 元/月

　　D. 彩票中奖 20 000 元

5. 2021 年,王某彩票中奖(　　)。

　　A. 属于偶然所得

B. 没有减除额

C. 按 20％计算所得税额

D. 先扣除 20％,再按 20％计算所得税

（二）2021 年 3 月,乙公司发生下列业务:

（1）3 月 3 日,乙公司向 B 公司购买一批货物,向银行申请"现金银行汇票"用于结算货款。

（2）3 月 7 日,乙公司与 C 公司签订一份电视购销合同。该合同规定:由 C 公司在 10 日内向乙公司提供电视 100 台,共计货款 25 万元。双方约定用银行汇票进行支付。

（3）3 月 15 日,C 公司将 100 台电视交付乙公司,乙公司遂向其开户银行 A 申请签发银行汇票。3 月 20 日,A 银行签发了出票人和付款人为 A 银行、收款人为 C 公司、票面金额为 25 万元、付款期限为 6 个月的银行汇票。但由于疏忽,银行工作人员未记载出票日期。乙公司将该汇票和解讫通知交付 C 公司。此后,C 公司又将该汇票转让给 D 公司。9 月 4 日,D 公司持该汇票向代理付款银行提示付款。

（4）3 月 22 日,乙公司将工会经费存入其在某商业银行开立的专用账户。

1. 银行存款账户按用途划分,可分为（　　）类。

   A. 2　　　　　　　B. 3　　　　　　　C. 4　　　　　　　D. 6

2. 下列各项中,属于专用账户使用范围的有（　　）。

   A. 因借款或其他结算需要设立的银行结算账户

   B. 为社会保障基金、住房基金设立的银行结算账户

   C. 为基本建设、更新改造资金设立的银行结算账户

   D. 为财政预算外资金、证券交易结算资金、期货交易保证金设立的银行结算账户

3. 下列表述中,不正确的有（　　）。

   A. A 银行签发了出票人和付款人为 A 银行、收款人为 C 公司的银行汇票符合规定

   B. A 银行签发付款期限为 6 个月的银行汇票符合规定

   C. 银行工作人员未记载出票日期,该银行汇票可以背书

   D. 将工会经费存入其在商业银行的专用账户符合规定

4. C 公司转让汇票的行为属于（　　）。

   A. 保证　　　　　　B. 出票　　　　　　C. 背书　　　　　　D. 交付

5. 下列关于银行汇票的使用中,正确的是（　　）。

   A. 向 B 公司购买货物,可以申请使用现金银行汇票

   B. 银行汇票只能用于转账,不能用于支取现金

   C. D 公司持该汇票向代理付款银行提示付款是可以的

   D. 填明"现金"字样的银行汇票可以支取现金

期末模拟考卷二

<table>
<tr><td>得分</td><td>评卷人</td></tr>
<tr><td></td><td></td></tr>
</table>

一、单项选择题（下列各题只有一个正确答案，每题 1 分，共 40 题。不选、错选均不得分。）

1. 某工厂为小规模纳税人，2021 年 4 月购进原材料支出 2 000 元，取得增值税专用发票，进项税额为 260 元。当期生产产品以 15 000 元的价格（含税）卖出。已知小规模纳税人适用的增值税征收率为 3%，则该厂当月应纳增值税税额为（   ）元。

    A. 96.89   B. 436.89   C. 450   D. 110

2. 纳税人在纳税期间没有应纳税款的，（   ）。

    A. 应当按规定办理纳税申报

    B. 无须办理纳税申报

    C. 并入下一纳税期办理纳税申报

    D. 由税务部门决定是否需要办理纳税申报

3. 甲公司因财务人员张某计算错误，少缴税款 2 万元。税务机关可以追征税款、滞纳金的时限为（   ）年。

    A. 1   B. 2   C. 3   D. 5

4. 某外商投资企业业务收支以美元为主，也有少量的人民币。根据《会计法》的规定，为方便会计核算，该单位可以采用（   ）为记账本位币，但编制的财务会计报告应当折算为人民币。

    A. 人民币   B. 人民币和美元   C. 欧元   D. 美元

5. 财政部对注册会计师、会计师事务所和注册会计师协会进行监督指导，作出这一规定的是（   ）。

    A.《会计法》   B.《会计基础工作规范》

    C.《注册会计师法》   D.《企业会计准则》

6. "站得住的顶不住，顶得住的站不住"的现象反映了（   ）。

    A. 会计从业环境不利于会计人员形成良好的会计职业道德

    B. 会计人员坚持职业道德的外部法律环境不佳

    C. 对会计职业道德的宣传教育不够

    D. 市场经济对会计人员价值观念的冲击

7. 银行汇票的付款人为（   ）。

    A. 银行汇票的申请人   B. 出票银行

C. 代理付款银行　　　　　　　　　　D. 申请人的开户银行

8. 定日付款的商业汇票,持票人应当在(　　　)向付款人提示承兑。

    A. 汇票到期日前　　　　　　　　　　B. 1个月内

    C. 3个月内　　　　　　　　　　　　D. 2个月内

9. 大华公司年初资金周转发生困难,便向其所在市的中国工商银行申请流动资金贷款300万元。银行在审批此笔贷款时,要求该公司提供上年度的财务报表,该公司为了得到此笔贷款,指使本公司会计人员改动报表的有关数字,使该公司由亏损100万元,变为盈利180万元。该公司的行为属于(　　　)。

    A. 编制虚假的会计凭证　　　　　　　B. 编制虚假的会计账簿

    C. 编制虚假的财务会计报告　　　　　D. 编制虚假的数字

10. 甲公司的业务员小张在饭店招待从乡下来的亲戚,并将饭店开具的金额为300元的发票拿到公司会计部门报销。小王的发票是(　　　)。

    A. 不真实的发票　　　　　　　　　　B. 不合法的发票

    C. 不真实的记账凭证　　　　　　　　D. 不合法的记账凭证

11. 根据《企业所得税核定征收办法(试行)》的规定,企业所得税的征收办法是(　　　)。

    A. 按月计征　　　　　　　　　　　　B. 按季计征,分月预缴

    C. 按季计征　　　　　　　　　　　　D. 按年计征,分月或分季预缴

12. 邮政储蓄机构办理银行卡业务开立的银行结算账户纳入(　　　)管理。

    A. 单位银行结算账户　　　　　　　　B. 个人银行结算账户

    C. 一般存款账户　　　　　　　　　　D. 基本存款账户

13. 公司、企业、事业单位、机关、团体的领导人对依法履行职责、抵制违反《会计法》规定行为的会计人员实行打击报复,情节恶劣,构成打击报复会计人员罪的,处(　　　)有期徒刑或拘役。

    A. 3年以下　　　　　　　　　　　　B. 3年以上5年以下

    C. 5年以下　　　　　　　　　　　　D. 5年以上10年以下

14. 税务机关有权对纳税人采取税收强制措施的情形是(　　　)。

    A. 纳税人未按规定期限缴纳税款的,经税务机关责令限期缴纳,逾期仍未缴纳的

    B. 纳税人抗税的

    C. 纳税人转移应纳税收入且拒不提供担保的

    D. 纳税人转移应税收入的

15. (　　　)的货物或服务,可以采用邀请招标方式采购。

    A. 具有特殊性,只能从有限范围的供应商处采购

    B. 招标后没有供应商投标或者没有合格标的,或者重新招标未能成立

    C. 采用公开招标方式的费用占政府采购项目总价值的比例过小

    D. 采用招标所需时间不能满足用户紧急需要

16. 下列关于发票开具要求的表述中,正确的是(　　　)。

A. 单位和个人在发生经营业务、确认营业收入时，才能开具发票；特殊情况下，未发生经营业务也可开具发票

B. 使用电子计算机开具发票，必须报主管税务机关批准，并使用税务机关统一监制的机打发票

C. 发票专用章或财务专用章一律不得在印制发票时套印

D. 任何单位和个人不得转借、转让发票，但可以代开发票

17. 根据《消费税暂行条例》，纳税人销售应税消费品向购买人收取的下列税金、价外费用中，不应并入应税消费品销售额的是（　　）。

    A. 向购买方收取的手续费

    B. 向购买方收取的价外基金

    C. 向购买方收取的增值税税款

    D. 向购买方收取的消费税税款

18. 某卷烟厂将成本为 30 000 元的烟叶运往烟丝厂加工成烟丝，取得烟丝厂开具的增值税专用发票，注明支付加工费 5 000 元，增值税 640 元。已知烟丝适用的消费税税率为 30%。该项业务中烟丝厂应代扣代缴的消费税为（　　）元。

    A. 9 000　　　　　B. 10 500　　　　　C. 15 000　　　　　D. 15 274.29

19. 下列有关我国国家预算体系的表述中，不正确的是（　　）。

    A. 按照"一级政权，一级财政"的原则，我国《预算法》规定，国家实行一级政府一级预算

    B. 我国国家预算共分为五级，具体包括中央预算、省级预算、地市级预算、县市级预算、乡镇级预算

    C. 对于不具备设立预算条件的乡、民族乡、镇，经省、自治区、直辖市政府确定，可以暂不设立预算

    D. 县级以上地方政府的派出机关，根据本级政府授权进行预算管理活动，也应当作为一级预算

20. 企业的月度财务报告保管期限为（　　）年。

    A. 1　　　　　　　B. 5　　　　　　　C. 10　　　　　　　D. 15

21. 搞好会计职业道德建设的关键在于（　　）。

    A. 加强和改善会计职业道德建设的组织和领导

    B. 制定完善的会计法律体系

    C. 对违反会计职业道德的行为进行严厉制裁

    D. 社会舆论监督，形成良好的社会氛围

22. 会计资料最基本的质量要求是（　　）。

    A. 真实性和相关性　　　　　　　　B. 明晰性和谨慎性

    C. 真实性和完整性　　　　　　　　D. 重要性和及时性

23. 我国《支付结算办法》规定的现金支票、转账支票和普通支票均属（　　）支票。

A. 定额　　　　　B. 不定额　　　　　C. 限额　　　　　D. 不限额

24. 银行对1年未发生收付活动且未欠开户银行债务的单位银行结算账户,应通知单位自发出通知之日起(　　)日内办理销户手续,逾期视同自愿销户,未划转款项列入久悬未取专户管理。

　　A. 15　　　　　B. 20　　　　　C. 30　　　　　D. 40

25. 某纳税人由于资金紧张,在纳税期限到期后15日才将当期应纳税款550 000元缴纳入库。根据《税收征收管理法》的规定,税务机关应加收其滞纳金(　　)元。

　　A. 16 500　　　B. 41 250　　　C. 4 125　　　D. 1 650

26. "有德无才学后用"体现了会计职业道德中(　　)的重要性。

　　A. 坚持准则　　　　　　　　　　B. 参与管理

　　C. 廉洁自律　　　　　　　　　　D. 提高技能

27. 下列各项中,不属于会计岗位的是(　　)。

　　A. 出纳　　　　　　　　　　　　B. 会计档案保管

　　C. 物资核算　　　　　　　　　　D. 仓库保管员

28. 划线支票可用于(　　)。

　　A. 支取现金　　　　　　　　　　B. 转账

　　C. 转账及支取现金　　　　　　　D. 境外支付

29. 在单位内部会计监督中,会计机构、会计人员行使监督权利的关键是(　　)。

　　A. 拒绝对通过作假手段制造出来的经济业务事项或资料进行会计核算

　　B. 拒绝来自任何方面伪造、变造会计凭证、会计账簿及其他会计资料和提供虚假财务会计报告的任何要求

　　C. 拒绝违反《会计法》和国家统一的会计制度的规定,将本单位发生的经济业务事项不在依法设置的会计账簿上统一登记、核算

　　D. 制止来自任何方面隐匿和违反规定销毁会计资料的要求和行为

30. 下列关于会计人员工作交接的表述中,错误的是(　　)。

　　A. 会计人员在临时离职或因其他原因暂时不能工作时,应办理会计工作交接

　　B. 一般会计人员办理交接手续,由会计机构负责人监交

　　C. 接管人员应继续使用移交前的账簿,不得擅自另立账簿

　　D. 接替人员在交接时因疏忽没有发现所交接会计资料在合法性、真实性方面的问题而在事后发现的,应由接替人员负责

31. 在下列选项中,不属于交通运输业的是(　　)。

　　A. 陆路运输服务　　　　　　　　B. 水路运输服务

　　C. 航空运输服务　　　　　　　　D. 物流辅助服务

32. 我国《预算法》规定的预算收入形式不包括(　　)。

　　A. 依法应当上缴的国有资产投资产生的股息收入

　　B. 征收排污费收入

C. 福利彩票销售收入

D. 规费收入

33. 下列各项中,不属于中央预算的编制内容的是( )。

A. 本级预算收入和支出

B. 上一年度结余用于本年度安排的支出

C. 返还或补助地方的支出

D. 上级返还或补助的收入

34. 下列各项中,不属于税务违法行政处罚项目的是( )。

A. 责令限期改正

B. 没收财产

C. 收缴未用发票和暂停供应发票

D. 警告

35. 实行手工记账时,总账、现金日记账和银行存款日记账应当采用( )账簿。

A. 订本式   B. 三栏式   C. 多栏式   D. 活页式

36. 关于发票的开具与管理,下列做法正确的是( )。

A. 甲公司代其子公司开具了一张价值200万元的增值税发票

B. 乙公司将其未用完的增值税发票转让给丙公司

C. 丙公司将闲置的发票本出借给丁公司,并收取一定的费用

D. 丁公司将已开具的发票存根联和发票登记簿保存6年后予以销毁

37. 从事生产、经营的纳税人,应当自领取营业执照之日起( )日内,将其财务、会计制度或者财务、会计处理办法和会计核算软件,报送税务机关备案。

A. 10   B. 5   C. 30   D. 15

38. 下列支付项目中,不适用财政授权支付程序进行支付的是( )。

A. 单件物品购买额为5万元人民币的购买支出

B. 单项服务购买额为8万元人民币的购买支出

C. 投资额为80万元人民币的工程项目支出

D. 特别紧急的支出

39. 出票人在付款人处的存款足以支付支票金额时,付款人应当在( )足额付款。

A. 见票后3日内   B. 见票后2日内

C. 见票后当日   D. 见票后10日内

40. 根据《企业所得税法》的规定,在计算企业所得税应纳税所得额时,不计入收入总额的是( )。

A. 转让固定资产取得的收入

B. 出租固定资产取得的租金收入

C. 固定资产盘盈收入

D. 财政拨款

得分	评卷人

二、多项选择题(下列各题有两个或两个以上正确答案,每题 2 分,共 10 题。不选、少选、多选或错选均不得分。)

1. 下列会计档案中,保管期限为永久的有( )。
   A. 年度财务报告
   B. 会计档案销毁清册
   C. 现金和银行日记账
   D. 会计保管清册

2. 下列银行卡中,不计付利息的有( )。
   A. 贷记卡   B. 准贷记卡   C. 储蓄卡   D. 储值卡

3. 关于国库集中收付制度,下列说法中,正确的有( )。
   A. 财政部门代表政府设置国库单一账户体系
   B. 所有的财政性资金均纳入国库单一账户体系收缴、支付和管理
   C. 大大提高了财政资金收付管理的规范性和安全性
   D. 能有效地防止利用财政资金牟取私利等腐败现象的发生

4. 存款人有下列情形的,可以申请开立临时存款账户的有( )。
   A. 设立临时机构
   B. 注册验资
   C. 基本建设资金
   D. 异地临时经营活动

5. 会计工作的社会监督形式包括( )。
   A. 注册会计师对受托单位的经济活动进行审计和鉴证
   B. 税务机关对单位会计资料进行检查监督
   C. 单位和个人检举违反会计法律制度规定的行为
   D. 财政部门对单位会计人员和会计机构会计行为进行监督

6. 关于现金管理的基本要求,下列说法中,正确的有( )。
   A. 开户单位应当建立健全现金账目,逐笔记载现金支付
   B. 出纳人员不得兼任稽核、会计档案保管和收入、支出、费用、债权债务账目的登记工作
   C. 单位可以由一人办理货币资金业务的全过程
   D. 不准将单位收入的现金以个人名义存储

7. 下列表述中,正确的有( )。
   A. 由国务院财政部门编制的中央决算草案,经国务院审定后,由国务院提请全国人民代表大会批准
   B. 由国务院财政部门编制的中央决算草案,经国务院审定后,由国务院提请全国人民代表大会常务委员会审批
   C. 由县级以上地方各级政府财政部门编制的本级决算草案,经本级政府审定后,由本级人民代表大会常务委员会审批
   D. 由乡级政府编制的决算草案,由本级人民代表大会审批

8. 我国预算执行的主体包括( )。

A. 中央政府　　　　B. 政府部门　　　　C. 事业单位　　　　D. 国有企业

9. 下列主体中,应当办理税务登记的有(　　　)。

A. 国家机关

B. 个体工商户

C. 企业在外地设立的分支机构

D. 税法规定应纳税但暂享受免税待遇的单位和个人

10. 纳税人应向原税务登记机关办理注销税务登记的情形有(　　　)。

A. 发生解散、破产、撤销及其他情形,依法终止纳税义务的

B. 因生产、经营场所变动涉及改变原主管税务机关的

C. 在营业执照核准的经营期限内需要停业的

D. 被市场监督管理机关吊销营业执照的

得分	评卷人

三、判断题(每题 1 分,共 20 题,正确的打"√",错误的打"×"。不答不得分。)

1. 纳税人被市场监督管理机关吊销营业执照的,应自营业执照被吊销之日起 30 日内,向原税务机关申报办理注销税务登记。　　　　　　　　　　　　　(　　)

2. 与财政部门直接发生预算缴款、拨款关系的国家机关、军队、政党组织、社会团体等各部门的预算职权包括安排预算支出。　　　　　　　　　　　(　　)

3. 预算收入划分为中央预算收入和地方预算收入。　　　　　　　　　(　　)

4. 自然人可根据需要申请开立个人银行结算账户,也可以在已开立的储蓄账户中选择并向开户银行申请确认为个人银行结算账户。　　　　　　　　(　　)

5. 背书人未记载被背书人名称即将票据交付他人的,该票据无效。　　(　　)

6. 在特殊情况下,经本单位负责人批准,会计档案在不拆散原卷册的前提下,可以提供查阅和复印,但必须办理登记手续。　　　　　　　　　　　　(　　)

7. 我国国有企业不属于政府采购的主体范围。　　　　　　　　　　(　　)

8. 会计工作交接的,移交清册应一式两份,交接双方各持一份。　　(　　)

9. 每一收支项目的数字指标必须运用科学的方法,依据充分确实的资料,并总结出规律性,进行计算,不得假定、估算,更不能任意编造,这体现了国家预算的可靠性原则。　　　　　　　　　　　　　　　　　　　　　　　　　(　　)

10. 会计人员不钻研业务,不加强新知识的学习,造成工作上的差错,缺乏胜任工作的能力,这是一种既违反会计职业道德,又违反会计法律制度的行为。　(　　)

11. 当事人对税务机关的处罚决定、强制执行措施或税收保全措施不服的,可以依法申请行政复议,也可以依法向人民法院起诉。　　　　　　　　　　(　　)

12. 内部审计既是内部控制的一个组成部分,又是内部控制的一种特殊形式。(　　)

13. 小规模纳税人购进货物取得的增值税专用发票可以抵扣进项税额,取得的普通发票不允许抵扣进项税额。　　　　　　　　　　　　　　　　　(　　)

14. 单位在结算凭证上的签章为该单位的公章加其法定代表人或其授权代理人的签名或盖章。　　　　　　　　　　　　　　　（　　）

15. 一般采购代理机构的资格由国务院有关部门或省级人民政府有关部门认定,主要负责分散采购的代理业务。　　　　　　　　　（　　）

16. 我国对会计工作的管理主要是依靠财政部门所进行的行政管理。　（　　）

17. 原始凭证是对经济业务按其性质加以归类,确定会计分录,并据以登记会计账簿的凭证。　　　　　　　　　　　　　　　　（　　）

18. 会计档案销毁后,单位负责人应当在会计档案销毁清册上签章,并将销毁情况报告上级主管单位负责人。　　　　　　　　　　（　　）

19. 根据国家对现金使用范围的一般规定,银行结算起点定为2 000元。结算起点的调整,由中国人民银行确定,报国务院备案。　　　（　　）

20. 移交人员办理完交接手续后,仍需对原工作期间由其本人经办的会计资料的真实性、合法性负责。　　　　　　　　　　　　（　　）

得分	评卷人

四、案例分析题(每个选项2分,共2道大题,20分。答错、不答均不得分。)

(一)泰康制衣厂是国有独资有限责任公司,2022年年初发生如下经济事项:

为掩盖2021年经营业绩大滑坡的事实,厂长要求会计机构调整报表,遭到会计机构负责人张某的拒绝。厂长遂将张某革职,并调离会计机构,同时任命自己的爱人孙某担任会计机构负责人,专门负责调账事项。孙某原是办公室主任,没有做过会计工作,因此,当张某和孙某自行交接工作时,孙某要求张某写保证书,要张某承诺对以前的会计资料的真实性、完整性负责,被张某拒绝。张某认为工作交接后,会计资料上的任何问题均与她无关。

1. 对于厂长授意他人编制虚假会计资料的行为,相关部门可以对其处以(　　)的罚款。

　　A. 5 000元以上2万元以下　　　　B. 5 000元以上5万元以下

　　C. 3 000元以上10万元以下　　　D. 2 000元以上5万元以下

2. 对于厂长打击报复会计人员的行为,如构成犯罪,可对其处以(　　)。

　　A. 3年以下有期徒刑或拘役　　　B. 2年以上有期徒刑或拘役

　　C. 3年以上7年以下有期徒刑　　D. 5年以下有期徒刑

3. 对受到打击报复的张某应采取的补救措施,下列说法中,正确的有(　　)。

　　A. 恢复张某的原有级别　　　　　B. 消除影响,恢复名誉

　　C. 恢复张某的原有职位　　　　　D. 赔偿精神损失费

4. 关于孙某担任会计机构负责人,下列说法中,正确的有(　　)。

　　A. 孙某不可以担任会计机构负责人,因为孙某没有从事会计工作5年以上的经历

　　B. 孙某不可以担任会计机构负责人,因为孙某没有从事会计工作3年以上的经历

    C. 根据会计岗位定期轮岗的要求,孙某可以担任会计机构负责人

    D. 根据会计人员回避制度的规定,孙某不可以担任会计机构负责人

5. 关于会计工作人员交接责任的说法中,正确的是( )。

    A. 移交人员完成移交工作后,对会计资料不再负责任

    B. 移交人员完成移交工作后,对会计资料负全部责任

    C. 对移交前由移交人经办的会计工作,若会计资料存在问题应由其负责

    D. 对移交前由移交人经办的会计工作,若会计资料存在问题,事后没有发现的,应由接替人员负责

    (二)新伟公司是增值税一般纳税人,也是一家股份公司,2021年度发生了下列事项:

    (1)新伟公司自成立后,尚未发生一笔销售业务,没有收入,且属于国家批准的高新技术企业,享有国家免税政策,因此没有办理纳税申报。

    (2)3月16日,新伟公司采用托收承付方式销售一批产品,货物于当天发出;3月17日新伟公司财务人员到银行办理了托收手续。

    (3)4月初,新伟公司填开了金额为20万元的增值税税款缴纳凭证,税务机关核定的纳税期限截至2021年4月15日,但该公司于2021年4月20日才缴纳该笔税款。

    (4)5月9日,税务机关对新伟公司进行税务检查,发现该公司有一笔收入未登记入账,致使该公司少缴税款2万元。

    (5)6月3日,新伟公司购买甲公司原材料,尚欠货物20万元未清偿。

    (6)7~9月,新伟公司欠缴税款30万元。

    (7)10月12日,新伟公司将一台机器设备作为抵押向银行贷款50万元,期限为3年。

    (8)11月15日,新伟公司以股份出质,向乙公司借款10万元。

1. 对于新伟公司不办理纳税申报的行为,下列说法中,不正确的有( )。

    A. 新伟公司在纳税期间没有应纳税款,不需要办理纳税申报

    B. 新伟公司享受国家免税政策,免税期间不需要办理纳税申报

    C. 新伟公司应当办理纳税申报,逾期未办理,税务机关可以对其处以3 000元以下的罚款

    D. 新伟公司应当办理纳税申报,逾期未办理,税务机关可以对其处以2 000元以下的罚款

2. 采用托收承付方式,该公司应于( )开具增值税专用发票。

    A. 3月16日   B. 3月17日

    C. 3月18日   D. 3月19日

3. 对于新伟公司延期缴纳税款的行为,税务机关可以对其加收( )元的滞纳金。

    A. 500   B. 600   C. 5 000   D. 6 000

4. 对于新伟公司少缴税款的行为,税务机关不应当( )。

A. 追缴新伟公司少缴的税款、滞纳金,并处 2 000 元以上 1 万元以下的罚款

B. 追缴新伟公司少缴的税款、滞纳金,并处 5 000 元以上 5 万元以下的罚款

C. 追缴新伟公司少缴的税款、滞纳金,并处不缴或少缴的税款 30% 以上 2 倍以下的罚款

D. 追缴新伟公司少缴的税款、滞纳金,并处不缴或少缴的税款 50% 以上 5 倍以下的罚款

5. 如果新伟公司 3 年后破产,其破产清理的收入应优先清偿( )。

   A. 甲企业的货款　　　　　　　B. 欠缴的税款

   C. 银行贷款　　　　　　　　　D. 乙公司欠款

期末模拟考卷三

一、单项选择题(下列各题只有一个正确答案,每题 1 分,共 40 题。不选、错选均不得分。)

1. 下列有关票据承兑的说法中,正确的是(   )。
   A. 定日付款的商业承兑汇票,持票人应当在汇票到期日前向付款人提示承兑
   B. 见票后定期付款的汇票,持票人应当自出票日起 10 日内向付款人提示承兑
   C. 付款人承兑汇票的,应当在汇票正面或背面记载"承兑"字样和承兑日期并签章
   D. 票据承兑后,持票人未在法定期限提示付款的,承兑人的票据责任解除

2. 根据票据法律制度的规定,商业汇票的持票人没有在规定期限内提示付款的,其法律后果是(   )。
   A. 持票人丧失全部票据权利
   B. 持票人在作出说明后,承兑人仍然应当承担票据责任
   C. 持票人在作出说明后,背书人仍然应当承担票据责任
   D. 持票人在作出说明后,可以行使全部票据权利

3. 赵某使用银行卡支付宾馆住宿费 1 万元。根据《银行卡业务管理办法》,银行办理该银行卡收单业务收取的结算手续费应不得低于(   )元。
   A. 20   B. 50   C. 100   D. 200

4. 下列各项中,不属于工商税类的税种是(   )。
   A. 增值税   B. 资源税   C. 关税   D. 契税

5. 根据《消费税暂行条例》的规定,下列各项中,属于在零售环节缴纳消费税的是(   )。
   A. 高档手表   B. 鞭炮   C. 成品油   D. 钻石

6. 划分增值税一般纳税人和小规模纳税人的主要标准是(   )。
   A. 资产规模   B. 应税销售额
   C. 所有制性质   D. 会计核算水平

7. 下列表述中,正确的是(   )。
   A. 单位确需坐支现金的,必须事先报经单位决策层审查批准
   B. 单位确需坐支现金的,必须事先报经中国人民银行总行审查批准
   C. 单位确需坐支现金的,必须事先报经开户银行审查批准
   D. 单位确需坐支现金的,必须事先报经中国人民银行各级分行审查批准

8. 纳税人从事运输业务,其增值税纳税地点是( )主管税务机关。

    A. 机构所在地　　　　　　　　　　B. 劳务发生地

    C. 运输业务所经地　　　　　　　　D. 以上任选一地

9. 下列行为中,属于偷税行为的是( )。

    A. 变造记账凭证　　　　　　　　　B. 多计收入

    C. 骗取退税　　　　　　　　　　　D. 少计成本

10. 增值税一般纳税人购进农产品,应按照农产品收购发票或者销售发票上注明的农产品买价的( )计算进项税额予以抵扣。

    A. 13%　　　　B. 9%　　　　C. 10%　　　　D. 7%

11. 下列关于《会计法》的表述中,不正确的是( )。

    A.《会计法》是会计工作的最高准则

    B.《会计法》是会计法律制度中层次最高的法律规范

    C.《会计法》是制定其他会计法规的依据

    D.《会计法》是国家宪法

12. 下列关于会计账簿启用的说法中,错误的是( )。

    A. 启用新的会计账簿时,应当在账簿封面上写明单位名称和账簿名称,并填写账簿扉页上的"启用表"

    B. 会计主管人员调动工作时,不需要在"启用表"上注明交接日期、接办人员和监交人员姓名

    C. 启用订本式账簿,应当从第一页到最后一页顺序编写页数,不得跳页、缺号

    D. 使用活页式账页,应当按账户顺序编号,并须定期装订成册

13. 内部会计控制的方法不包括( )。

    A. 会计职务控制　　　　　　　　　B. 授权批准控制

    C. 预算控制　　　　　　　　　　　D. 风险控制

14. 某公司财务部门年末时发现,全年业务招待费超过规定的开支标准,会计人员按照领导意图,弄来一些发票,将超支的业务招待费列入管理费用,该会计人员的行为违反了会计职业道德中的( )要求。

    A. 廉洁自律　　　B. 爱岗敬业　　　C. 参与管理　　　D. 坚持准则

15. 下列支付结算的种类中,有金额起点限制的是( )。

    A. 委托收款　　　B. 支票　　　　C. 托收承付　　　D. 汇兑

16. 下列关于银行汇票的使用范围的说法中,不正确的是( )。

    A. 单位和个人在异地、同城或同一票据交换区域的各种款项结算,均可使用银行汇票

    B. 填明"现金"字样的银行汇票可以用于支取现金

    C. 现金银行汇票的申请人和收款人可以为单位,也可以为个人

    D. 没有填明"现金"字样的银行汇票收款人,如果需要支取现金,应由代理付款银行

根据现金管理规定审查支付

17. 64 608.09 元的大写金额正确的是( )。

    A. 六万四千六百〇八元〇九分　　　　B. 陆万肆仟陆佰零捌元零玖分

    C. 陆万肆仟陆佰捌元零玖分　　　　　D. 陆万肆仟陆佰捌元玖分

18. 会计账簿记录发生错误或隔页、缺号、跳行的,应当按照国家统一的会计制度规定的方法更正,并由( )在更正处盖章,以明确责任。

    A. 单位负责人　　　　　　　　　　　B. 会计机构负责人

    C. 会计人员　　　　　　　　　　　　D. 会计人员和会计机构负责人

19. 下列各项中,根据《政府采购法》的规定,不属于政府采购应当遵循的原则的是( )。

    A. 公开透明　　　　B. 公平竞争　　　　C. 客观实际　　　　D. 诚实信用

20. 下列各项中,不属于税法作用的是( )。

    A. 依法保障国家利益和纳税人合法权益

    B. 体现了国家主权和国家权力

    C. 维护正常的税收秩序

    D. 保证国家的财政收入

21. 丁老师为我国居民个人,2021 年取得工资薪金 9 000 元/月,没有其他所得,丁老师应缴纳的个人所得税为( )元。

    A. 1 270　　　　　B. 2 280　　　　　C. 2 350　　　　　D. 3 200

22. 除会计师事务所外,从事代理记账业务的机构必须持有代理记账许可证书。该代理记账许可证书的核发机关是( )。

    A. 县级以上市场监督管理部门　　　　B. 县级以上税务部门

    C. 县级以上财政部门　　　　　　　　D. 县级以上审计部门

23. 准予从增值税销项税额中抵扣的进项税项目是( )。

    A. 未取得增值税专用发票购进原材料的进项税额

    B. 非正常损失购进货物的进项税额

    C. 购进农产品的进项税额

    D. 用于个人消费的购进货物的进项税额

24. 根据《消费税暂行条例》的规定,纳税人将自产自用应税消费品用于连续生产应税消费品时,( )。

    A. 按产品成本计算缴纳消费税

    B. 按同类产品销售价格计算缴纳消费税

    C. 按组成计税价格计算缴纳消费税

    D. 不用缴纳消费税

25. 预算的批复是指各级政府预算经过本级人民代表大会的批准之后,本级政府财政部门应当及时向( )政府各部门批复预算。

    A. 上级　　　　　　B. 本级　　　　　　C. 下级　　　　　　D. 国务院

26. 下列选项中,不属于我国地方预算的组成部分的是(　　)。
    A. 省的总预算　　　　　　　　　　B. 自治区的总预算
    C. 中央直属单位的预算　　　　　　D. 直辖市的总预算

27. 下列各项中,属于财产税类的是(　　)。
    A. 资源税　　　　　　　　　　　　B. 车船税
    C. 车辆购置税　　　　　　　　　　D. 个人所得税

28. (　　)是我国第一部财政基本法律,是我国国家预算管理工作的根本性法律以及制定其他预算法规的基本依据。
    A.《经济法》　　　　　　　　　　B.《税法》
    C.《财政法》　　　　　　　　　　D.《预算法》

29. 我国会计工作的社会监督主要由(　　)完成。
    A. 评估师事务所　　　　　　　　　B. 会计师事务所
    C. 律师事务所　　　　　　　　　　D. 税务师事务所

30. (　　)是会计职业道德的核心,(　　)是会计职业道德的精髓,(　　)是会计职业道德的基础,(　　)是会计职业道德的追求目标,(　　)是会计职业道德的前提。
    A. 坚持准则;诚实守信;爱岗敬业;廉洁自律;客观公正
    B. 坚持准则;诚实守信;爱岗敬业;客观公正;廉洁自律
    C. 爱岗敬业;诚实守信;坚持准则;廉洁自律;客观公正
    D. 坚持准则;爱岗敬业;诚实守信;廉洁自律;客观公正

31. 贴现是指汇票持有人将未到期的商业汇票交给银行,银行受理后,按(　　)交给贴现申请人。
    A. 票面金额扣除出票日到贴现日的利息后的净额
    B. 票面金额扣除贴现日到汇票到期日的利息后的净额
    C. 票面金额扣除贴现日到汇票到期前一日的利息后的净额
    D. 票面金额

32. 会计档案保管期限分为永久和定期。定期保管的会计档案,其最短期限为(　　)年。
    A. 5　　　　　　　B. 10　　　　　　　C. 15　　　　　　　D. 20

33. 根据我国税收法律制度的规定,下列税种中,实行超率累进税率的是(　　)。
    A. 增值税　　　　　　　　　　　　B. 土地增值税
    C. 房产税　　　　　　　　　　　　D. 个人所得税

34. 会计档案由(　　)整理立卷归档。
    A. 档案管理部门　　　　　　　　　B. 专人
    C. 会计机构　　　　　　　　　　　D. 总经理

35. 根据《预算法》的规定,下列各项中,属于各级政府在预算调整中应编制的资料的是(　　)。

A. 决算方案   B. 预算调整方案

C. 预算执行情况报告   D. 预算批复报告

36. 下列项目中,不属于劳务报酬所得的是( )。

    A. 高校教师受出版社委托进行审稿取得的报酬

    B. 高校教师自行举办培训班取得的报酬

    C. 报刊记者在所在单位报纸发表文章的报酬

    D. 提供中间介绍服务取得的报酬

37. 账证核对的主要目的是( )。

    A. 核查资产   B. 以备纳税检查

    C. 及时发现错账予以更正   D. 保证账簿完整

38. 按照发票管理规定,使用电子计算机开具发票必须报经( )批准。

    A. 主管财政机关   B. 主管税务机关

    C. 审计部门   D. 市场监督管理部门

39. 会计工作的政府监督主要是指( )代表国家对单位和单位中相关人员的会计行为实施的监督检查,以及对发现的违法会计行为实施的行政处罚。

    A. 财政部门   B. 审计部门

    C. 税务部门   D. 证券监管部门

40. 杨教授为我国居民个人,编著一本教材,2021年1月出版,获稿酬80 000元。因市场需要,3月重印该教材又获稿酬60 000元。2021年杨教授没有其他所得,杨教授获得的两次稿酬收入实际应缴纳的个人所得税为( )元。

    A. 552   B. 1 204   C. 1 232   D. 4 990

得分	评卷人

二、多项选择题(下列各题有两个或两个以上正确答案,每题 **2** 分,共 **10** 题。不选、少选、多选或错选均不得分。)

1. 预算单位零余额账户可以办理的业务有( )。

    A. 转账、提取现金等结算业务

    B. 向按规定保留的相应账户划拨工会经费

    C. 经财政部门批准的特殊款项

    D. 国库单一账户结算

2. 根据《会计档案管理办法》的规定,下列保管期满但不得销毁的会计档案有( )。

    A. 未结清的债权债务原始凭证

    B. 年度现金流量表

    C. 外来原始凭证

    D. 正在建设期间的建设单位的会计档案

3. 会计账簿记录错误的更正方法有( )。

    A. 登记账簿时发生错误,应当将错误的文字或数字划红线注销

B. 在划红线上方填写正确的文字或数字,并由记账人员在更正处盖章

C. 对于错误的数字,应当全部划红线更正,不得只更正其中的错误数字

D. 对于错误的文字,应当全部划红线更正,不得只更正其中的错误文字

4. 以下税种中,属于流转税类的有(   )。

　　A. 增值税　　　　　　　　　　　B. 关税

　　C. 印花税　　　　　　　　　　　D. 消费税

5. 税务登记包括(   )。

　　A. 开业登记　　　　　　　　　　B. 变更登记

　　C. 注销登记　　　　　　　　　　D. 核定应纳税额

6. 关于普通发票的基本联次,下列表述中,正确的有(   )。

　　A. 第一联为存根联,由收票方留存备查

　　B. 第二联为发票联,由收执方作为付款或收款原始凭证

　　C. 第三联为记账联,由开票方作为记账原始凭证

　　D. 第四联为税款抵扣联,由购货方作为扣税凭证

7. 根据我国《预算法》的规定,属于国务院财政部门的职权的有(   )。

　　A. 具体编制中央预算、决算草案

　　B. 具体组织中央和地方预算的执行

　　C. 具体编制中央预算的调整方案

　　D. 审查和批准中央预算的调整方案

8. 下列有关会计职业道德和会计法律制度两者的区别的表述中,不正确的有(   )。

　　A. 会计法律具有很强的他律性,会计职业道德具有很强的自律性

　　B. 会计法律制度侧重于调整会计人员的外在行为和结果的合法化,而会计职业道德用来调整会计人员内在的精神世界

　　C. 会计法律制度表现形式是具体的、正式形成文字的成文条款,而会计职业道德只是存在于会计人员内心的意识和信念,没有成文的表现形式

　　D. 违反会计法律制度可能会受到法律制裁,违反会计职业道德只会受到道德谴责

9. 关于发票的开具和保管,下列说法中,正确的有(   )。

　　A. 不符合规定的发票,任何单位和个人有权拒收

　　B. 使用电子计算机开具发票,须经主管税务机关批准

　　C. 发票限于领购单位和个人在本省、自治区、直辖市内开具

　　D. 已开具的发票存根联和发票登记簿在保存期满后可以自行销毁

10. 根据《会计法》的规定,下列各项中,属于会计人员监督职权的有(   )。

　　A. 对违反《会计法》和国家统一的会计制度规定的会计事项,有权拒绝办理或者按照职权予以纠正

　　B. 发现会计账簿记录与实物、款项及有关资料不相符的,按照国家统一的会计制度的规定有权自行处理的,应当及时处理;无权处理的,应当立即向单位负责人报

告,请求查明原因,作出处理

    C. 办理企业合并、分立、清算事宜中的审计业务,出具有关报告

    D. 监督单位会计核算情况

得分	评卷人

三、判断题(每题 1 分,共 20 题,正确的打"√",错误的打"×"。不答不得分。)

1. 国家需要重点扶持的高新技术企业,减按 20%的税率征收企业所得税。 （　　）

2. 所有的汇票都需要进行承兑。 （　　）

3. 债权债务明细账和财产物资明细账应当每天登记,也可以定期(3 天或 5 天)登记。
    （　　）

4. 会计处理方法可以由单位根据实际情况变更。 （　　）

5. 某美资企业业务收支以美元为主,根据外国企业在华的有关政策,美资企业可以用美元编制其财务会计报告。 （　　）

6. 社会实践是会计职业道德自我教育与修养的根本途径。 （　　）

7. 保证不得附有条件,如果保证附有条件,则票据无效。 （　　）

8. 地方各级政府预算的编制内容包括上解上级的支出。 （　　）

9. 一般纳税人应按规定时限开具专用发票,不得提前,也不得滞后。 （　　）

10. 会计行政法规只是由国务院制定并发布的。 （　　）

11. 开户银行对已开户 1 年,但未发生任何业务的账户,应通知存款人自发出通知 30 日内到开户银行办理销户手续,逾期视同自愿销户。 （　　）

12. 属于中央预算的政府采购项目,其集中采购目录和政府采购限额标准由国务院财政部门确定并公布。 （　　）

13. 未办理工商营业执照,也未经有关部门批准设立的纳税人,按规定不需办理税务登记。 （　　）

14. 纳税人办理停业的,停业期限不得超过 6 个月。 （　　）

15. 纳税人销售的应税消费品,如因质量问题由购买者退回,可直接抵减应纳税款。
    （　　）

16. 采购人不得将应当以公开招标方式采购的货物或服务化整为零来规避公开招标采购。 （　　）

17. 在会计工作中一定要提供上乘的服务质量,不管服务主体提出什么样的要求,会计人员都要尽量满足服务主体的需要。 （　　）

18. 诚实守信是会计人员在职业活动中做到客观公正、坚持准则的基础,是参与管理的前提。 （　　）

19. 依据住所和居住时间两个标准,个人所得税纳税义务人分为居民纳税人和非居民纳税人,分别承担不同的纳税义务。 （　　）

20. 划线支票只能支取现金,不得用于转账。 （　　）

得分	评卷人

四、案例分析题（每个选项 2 分，共 2 道大题，20 分。答错、不答均不得分。）

（一）名泰国有服装加工企业，2021 年发生下列事项：

（1）1 月，该企业新领导班子上任后，作出了精简内设机构的决定，将会计科撤并到行政管理办公室（以下简称行政办），同时任命行政办主任张某兼任会计主管人员。会计科撤并到行政办后，会计工作分工如下：原会计科会计继续担任会计；原行政办主任张某的女儿担任出纳工作。行政办主任张某自参加工作后一直从事文秘工作。

（2）3 月，档案科对企业会计档案进行了清理，编制会计档案销毁清册，将保管期已满的会计档案按规定程序全部销毁，其中包括一些保管期满但尚未结清债权债务的原始凭证。

（3）6 月，行政办在例行审核有关单据时，发现一张购买原材料的发票，其"金额"栏中的数字有更改现象，经查阅相关买卖合同、单据，确认更改后的金额数字是正确的，于是要求该发票的出具单位在发票"金额"栏更改之处加盖出具单位印章。之后，该企业予以接受并据此登记入账。

（4）8 月，该企业业务单位因工作需要，要求借阅该企业的会计档案。单位负责人认为该业务单位与本单位业务关系密切，而且和其本人私交甚好，便同意借出 1 天，并办理了登记手续。

1. 关于该企业撤并会计机构、任命会计主管人员、会计工作岗位分工的做法，下列说法中，正确的有（   ）。

    A. 该企业根据单位经营管理的需要作出撤并会计机构的决定是正确的

    B. 张某可以兼任会计主管人员

    C. 张某的女儿不能担任出纳工作

    D. 张某的女儿可以担任出纳的工作

2. 关于该企业销毁会计档案的做法，下列说法中，正确的是（   ）。

    A. 保管期满的会计档案可以一律销毁

    B. 针对保管期满但未结清的债权债务原始凭证不能销毁

    C. 档案科可以随意将保管期满且已结清的会计档案销毁

    D. 编制会计档案销毁清册后，需要报总会计师批准

3. 关于该企业对购买原材料的发票的处理，下列说法中，正确的有（   ）。

    A. 该企业对原材料发票的处理符合法律规定

    B. 该企业对原材料发票的处理不符合法律规定

    C. 原始凭证上的数字可以更改，在更改处加盖单位印章

    D. 原始凭证上金额有错误的，应当由出具单位重开

4. 关于该企业向业务往来单位借出会计档案，下列说法中，正确的有（   ）。

    A. 各单位保存的会计档案不得借出

B. 如有特殊需要,经本单位总会计师批准后,可以提供查阅,并办理登记手续

C. 该企业的做法不符合规定

D. 如有特殊需要,经本单位负责人批准后,可以提供查阅,并办理登记手续

5. 会计档案由单位会计机构负责整理立卷归档,并保管(　　),期满后移交单位的会计档案管理机构。

A. 1年　　　　　　　B. 2年　　　　　　　C. 3个月　　　　　　D. 6个月

(二)A企业于2021年6月以每台不含税售价4 000元销售冰箱100台,采用以旧换新方式销售冰箱50台,每台实收3 500元,企业按照575 000元计入该月销售额。

一般纳税人B超市于2021年6月开具专用发票销售商品,取得不含税销售额200 000元;开具普通发票销售商品,取得含税销售额1 130 000元。

小规模纳税人C于2021年6月填开普通发票销售货物,销售收入为51 500元。

1. A企业该月应缴纳增值税的销售额为(　　)元。

A. 575 000

B. 175 000

C. 500 000

D. 600 000

2. 下列关于销售额确定的说法中,正确的有(　　)。

A. 销货方给予购货方相应的价格优惠或补偿等折扣行为,销货方可按有关规定开具红字增值税专用发票

B. 采取以旧换新方式销售的货物,按照新货物的同期销售价格确定的销售额扣减旧货物的收购价格

C. 采取还本销售方式销售的货物,应该从其销售额中扣除还本支出

D. 采取以物易物的方式销售的货物,双方都应作购销处理

3. 一般纳税人按基本税率计征增值税,基本税率为(　　);小规模纳税人增值税征收率为(　　)。

A. 13%;3%

B. 16%;5%

C. 17%;5%

D. 15%;3%

4. B超市该月应缴纳增值税的销售额为(　　)元。

A. 1 000 000

B. 1 200 000

C. 1 100 000

D. 200 000

5. 小规模纳税人C该月应缴纳增值税的销售额为(　　)元。

A. 50 000

B. 34 333

C. 49 047

D. 60 000

期末模拟考卷四

<table>
<tr><td>得分</td><td>评卷人</td></tr>
<tr><td></td><td></td></tr>
</table>

一、单项选择题（下列各题只有一个正确答案，每题 **1** 分，共 **40** 题。不选、错选均不得分。）

1. 下列关于现金核算与内部控制的内容中，说法错误的是（　　）。

   A. 出纳工作和会计记录应该互相分离，出纳工作应由专人负责

   B. 不得以白条抵冲现金

   C. 收入的现金可在一周内送存银行

   D. 现金日记账应根据经审核合法的收付款凭证序时逐笔登记

2. （　　）是会计行业和注册会计师行业的主管部门。

   A. 统计部门　　　　　　　　　　B. 税务部门

   C. 市场监督管理部门　　　　　　D. 财政部门

3. 下列各项中，属于纳税义务人享有的权利的是（　　）。

   A. 申请延期纳税　　　　　　　　B. 办理税务登记

   C. 进行纳税申报　　　　　　　　D. 依法缴纳税款

4. （　　）是我国中介行业的第一部法律。

   A.《预算法》　　　　　　　　　　B.《会计法》

   C.《注册会计师法》　　　　　　　D.《中介行业规范法》

5. 根据票据法律制度的规定，下列有关汇票未记载事项的表述中，正确的是（　　）。

   A. 汇票上未记载付款日期的，为出票后 3 个月内付款

   B. 汇票上未记载付款地的，出票人的营业场所、住所或经营居住地为付款地

   C. 汇票上未记载收款人名称的，经出票人授权可以补记

   D. 汇票上未记载出票日期的，该汇票无效

6. 某汽车轮胎厂（增值税一般纳税人）下设一非独立核算门市部，该厂将一批汽车轮胎交门市部，计价 60 万元。门市部零售取得含增值税的销售收入 74.58 万元。汽车轮胎的消费税税率为 3%。该企业应缴纳消费税（　　）万元。

   A. 1.8　　　　　　B. 2.32　　　　　　C. 1.98　　　　　　D. 7.72

7. 下列结算方式中，只有特定的企业才可以使用的方式是（　　）。

   A. 汇兑　　　　B. 银行汇票　　　　C. 银行本票　　　　D. 托收承付

8. 个体工商户的生产经营所得按照（　　）征收税款。

   A. 月所得 5 级超额累进税率　　　　B. 月所得 9 级超额累进税率

C. 年所得 5 级超额累进税率　　　　　D. 年所得 9 级超额累进税率

9. 区别不同类型税种的主要标志是(　　)。

    A. 税率　　　　　B. 纳税人　　　　　C. 征税对象　　　　　D. 纳税期限

10. 《税收征收管理法实施细则》规定,不在税收保全措施范围之内的生活必需用品的单价是(　　)元以下。

    A. 10 000　　　　　B. 7 000　　　　　C. 5 000　　　　　D. 3 000

11. "慎独"是会计职业道德修养中的一种很高的境界,其前提是(　　)。

    A. 职业行为　　　　　　　　　　B. 职业技能

    C. 职业实践　　　　　　　　　　D. 职业信念和职业良心

12. 下列选项中,不属于政府采购当事人的是(　　)。

    A. 采购人　　　　　B. 保证人　　　　　C. 供应商　　　　　D. 采购代理机构

13. 下列属于政府采购代理机构义务的是(　　)。

    A. 依法发布采购信息

    B. 投标中标后,按规定签订政府采购合同并严格履行合同义务

    C. 在指定媒体及时向社会发布政府采购信息、招标结果

    D. 遵守政府采购的各项法律、法规和规章制度

14. 根据《支付结算办法》的规定,发卡银行对贷记卡超信用额度用卡的行为,应当按照超过信用额度部分收取超限费,其比例是(　　)。

    A. 超过信用额度部分的 2%　　　　　B. 超过信用额度部分的 7%

    C. 超过信用额度部分的 10%　　　　　D. 超过信用额度部分的 5%

15. 王丽 2021 年 12 月国债到期取得利息收入 3 500 元,这部分利息收入应预扣预缴的个人所得税额为(　　)元。

    A. 0　　　　　B. 175　　　　　C. 350　　　　　D. 700

16. 财政部门对甲有限责任公司 2021 年度财务工作进行检查,但甲公司领导以"财务部门负责人出差"为由予以拒绝,后经多方协调,财政部门对该公司进行了检查。关于该公司领导拒绝市财政部门检查的做法,下列观点中,正确的是(　　)。

    A. 该公司领导拒绝的做法是错误的,不得拒绝财政部门的检查

    B. 财政部门无权对该公司的财务状况进行检查

    C. 财政部门应与审计、税务部门联合进行检查

    D. 由于财务部门负责人不在场,因此该公司可以拒绝接受检查

17. 关于现金收支的基本要求,下列表述中,不正确的是(　　)。

    A. 开户单位收入现金一般应于当日送存开户银行

    B. 开户单位支付现金,可以从本单位的现金收入中直接支付

    C. 开户单位对于符合现金使用范围规定的、从开户银行提取现金的,应写明用途,由本单位财会部门负责人签字盖章,并经开户银行审查批准

    D. 不准单位之间相互借用现金

18. 下列关于汇兑特征的表述中,不符合法律规定的是(   )。

    A. 单位和个人各种款项的结算,均可使用汇兑结算方式

    B. 汇款回单能作为该笔汇款已转入收款人账户的证明

    C. 汇款人对汇出银行尚未汇出的款项可以申请撤销

    D. 汇入银行对于收款人拒绝接受的汇款,应当即办理退汇

19. 增值税一般纳税人购进免税农产品,按照买价乘以一定的扣除率计算进项税额进行抵扣。该扣除率是(   )。

    A. 17%   B. 10%   C. 9%   D. 13%

20. 下列各项中,按从价、从量复合计征消费税的是(   )。

    A. 汽车轮胎   B. 化妆品   C. 薯类白酒   D. 珠宝玉石

21. 关于信用卡的下列表述中,不正确的是(   )。

    A. 个人卡的主卡持卡人可为其配偶及年满18周岁的亲属申领附属卡,申领的附属卡最多不得超过2张

    B. 持卡人在还清全部交易款项、透支本息和有关费用后,可依法申请办理销户

    C. 发卡银行办理销户,应当收回信用卡,有效信用卡无法收回的,应当将其止付

    D. 销户时,单位卡账户的资金可以转入其基本存款账户,也可以提取现金

22. 根据《税收征收管理法》的规定,税务机关有权对纳税人采取税收保全措施的情形是(   )。

    A. 纳税人账目混乱,难以查账的

    B. 纳税人未按规定期限办理纳税申报,经税务机关限期申报,逾期仍不申报的

    C. 纳税人有明显转移、隐匿其应纳税收入迹象的

    D. 纳税人有明显转移、隐匿其应纳税收入迹象且拒绝提供纳税担保的

23. 银行结算账户按(   )不同,分为单位银行结算账户和个人银行结算账户。

    A. 存款人   B. 用途   C. 开户地   D. 性质

24. 竞争性谈判方式,是指要求采购人就有关采购事项,与不少于(   )家的供应商进行谈判。

    A. 2   B. 3   C. 4   D. 5

25. 普通发票由(   )统一对外出售。

    A. 财政部门   B. 银行系统

    C. 市场监督管理部门   D. 税务机关

26. 下列说法中,正确的是(   )。

    A. 托收承付是指根据购销合同由收款人发货后,委托银行向异地付款人收取款项

    B. 票据当事人是指票据在作成时就已经存在的当事人

    C. 专用存款账户办理存款人日常活动的资金收付及其工资、奖金和现金的支取

    D. 信用证结算方式只适用于国内企业之间商品交易产生的货款结算,并且可以用于转账结算和支取现金

27. 下列结算方式中,只能用于同一票据交换区域结算的是(   )结算。

    A. 汇兑   B. 银行汇票   C. 银行本票   D. 委托收款

28. 下列关于支付结算的表述中,错误的是(   )。

    A. 银行在支付结算中充当中介机构的角色

    B. 银行不得为任何单位或个人冻结、扣款,不得停止单位或个人存款的正常支付

    C. 银行只要以善意且符合规定的正常操作程序进行审查,对伪造、变造的票据和结算凭证上的签章,以及需要交验的个人有效身份证未发现异常而支付金额的,对出票人或付款人不再承担受委托付款的责任,对持票人或收款人不再承担付款责任

    D. 使用不符合中国人民银行统一规定格式的结算凭证,银行不予受理

29. A 企业 2021 年自行申报收入总额为 65 万元,发生的成本费用支出总额为 85 万元,全年亏损 20 万元。经税务机关检查,该企业虽然设置了账簿,但是账目混乱,收入凭证残缺不全,难以查账,无法确定其收入总额。当地税务机关确定的 A 企业所在行业应税所得率为 15%,适用所得税税率 25%。A 企业 2021 年度应纳企业所得税为(   )万元。

    A. 15   B. 3.75   C. 3.18   D. 4.25

30. 下列各项中,(   )采用超额累进税率计算应纳税额。

    A. 对加工服装征收的增值税

    B. 对企业生产经营所得征收的企业所得税

    C. 对生产卷烟征收的消费税

    D. 对工资、薪金所得征收的个人所得税

31. 下列各项中,不属于企业网上银行功能的是(   )。

    A. 账户信息查询   B. 支付指令

    C. B2B 网上支付   D. B2C 网上支付

32. (   )是政府的基本财政收支计划,是政府分配财政资金的重要工具。

    A. 国库集中收付   B. 政府采购

    C. 国家预算   D. 国家预算、决算

33. 会计行业组织对会计人员遵守职业道德规范情况进行检查,并根据检查结果进行表彰或惩戒,这种机制属于(   )。

    A. 服务机制   B. 法律机制

    C. 行业自律机制   D. 行政管理机制

34. (   )是支付结算和资金清算的中介机构。

    A. 金融中心   B. 证券机构   C. 银行   D. 财政部门

35. 负责制定统一的支付结算法律制度的机构为(   )。

    A. 中国人民银行总行   B. 中国银行总行

    C. 国家政策性银行   D. 商业银行总行

36. 关于核定应纳税额,下列说法中,正确的是(   )。
    A. 税务机关核定应纳税额时只能依法规定一种核定方法,并明确告知纳税人
    B. 税务机关采用一种方法不足以正确核定应纳税额时,可以同时采用两种以上的方法核定
    C. 纳税人对税务机关核定的应纳税额有异议的,税务机关应当提供相关证据,证明定额的合理性
    D. 经税务机关认定后,纳税人可以调整应纳税额

37. 从事生产经营的纳税人未办理营业执照也未经有关部门批准设立的,应当自(   )起 30 日内申报办理税务登记。
    A. 纳税义务发生之日   B. 正式开业之日
    C. 税务部门通知之日   D. 产生利润之日

38. 某企业 2021 年 8 月份发生的经济业务会计凭证,按规定保管期满日应该是(   )。
    A. 2021 年 12 月 31 日   B. 2022 年 12 月 31 日
    C. 2031 年 12 月 31 日   D. 2051 年 12 月 31 日

39. (   )是会计职业道德的前提,也是会计职业道德的内在要求。
    A. 提高技能   B. 坚持准则   C. 客观公正   D. 廉洁自律

40. 根据支付结算法律制度的规定,下列有关汇兑的表述中,不正确的是(   )。
    A. 汇兑分为信汇和电汇两种
    B. 汇兑每笔金额起点为 1 万元
    C. 汇兑适用于单位和个人各种款项的结算
    D. 汇兑是汇款人委托银行将其款项支付给收款人的结算方式

得分	评卷人

二、多项选择题(下列各题有两个或两个以上正确答案,每题 2 分,共 10 题。不选、少选、多选或错选均不得分。)

1. 商业汇票按照承兑人的不同分为(   )。
   A. 商业本票   B. 银行汇票   C. 银行承兑汇票   D. 商业承兑汇票

2. 根据企业所得税法律制度的规定,下列关于企业所得税税前扣除的表述中,正确的是(   )。
   A. 企业发生的合理的工资薪金支出,准予扣除
   B. 企业发生的职工福利费支出,不超过工资薪金总额 2.5% 的部分,准予扣除
   C. 企业参加财产保险,按照规定缴纳的保险费,准予扣除
   D. 企业发生的合理的劳动保护支出,准予扣除

3. 本单位的财务会计报告应当按照规定的对象,向(   )提供。
   A. 本单位   B. 本单位的债权人
   C. 财政部门   D. 税务部门

4. 财政授权支付程序适用于(   )。

    A. 单件物品或单项服务购买额不足 10 万元人民币的购买支出

    B. 单件物品或单项服务购买额不足 50 万元人民币的购买支出

    C. 年度财政投资不足 50 万元人民币的工程采购支出

    D. 特别紧急的支出

5. 下列有关预算的审批、执行、调整等的表述中,正确的有( )。

    A. 中央预算由全国人民代表大会审查和批准

    B. 地方各级政府预算由上级人民代表大会审查和批准

    C. 各级预算由本级政府组织执行,具体工作由本级政府财政部门负责

    D. 乡、民族乡、镇政府预算的调整方案必须提请本级人民代表大会审查和批准

6. 下列各项中,属于会计部门规章的有( )。

    A.《企业会计制度》　　　　　　B.《财政部门实施会计监督办法》

    C.《会计档案管理办法》　　　　　D.《内部会计控制规范》

7. 国库单一账户体系包括( )。

    A. 预算外资金财政专户　　　　　B. 预算单位零余额账户

    C. 财政部门零余额账户　　　　　D. 国库单一账户

8. 财政收入收缴方式主要有( )。

    A. 直接缴库　　B. 集中汇缴　　　　C. 分散汇缴　　　　　D. 代扣代缴

9. 下列各项中,属于行政处罚的有( )。

    A. 责令限期改正　　　　　　　　B. 罚款

    C. 罚金　　　　　　　　　　　　D. 管制

10. 纳税人采取隐匿或擅自销毁账簿、记账凭证的手段,不缴或少缴应纳税款,偷税数额占应纳税额的 10% 以上但不满 30% 的,偷税数额在 1 万元以上但不满 10 万元的,或者因偷税被税务机关给予两次行政处罚又偷税的,应追究的刑事责任为( )。

    A. 处 3 年以下有期徒刑或拘役

    B. 处 3 年以上 7 年以下有期徒刑

    C. 并处偷税数额 1 倍以上 5 倍以下的罚金

    D. 并处 20 万元以上的罚金

得分	评卷人

三、判断题(每题 1 分,共 20 题,正确的打"√",错误的打"×"。不答不得分。)

1. 单位负责人授意、指使、强令会计机构、会计人员伪造、变造会计凭证、会计账簿,提供虚假财务会计报告的,会计人员不应承担法律责任。　　　　　　　　( )

2. 代开专用发票是指主管税务机关为所辖范围内的增值税纳税人代开专用发票,其他单位和个人不得代开。　　　　　　　　　　　　　　　　　　　　　　( )

3. 汇兑的汇入银行对于向收款人发出取款通知后,经过 1 个月无法支付的汇款,应主动办理退汇。　　　　　　　　　　　　　　　　　　　　　　　　　　( )

4. 增值税是价外税,消费税是价内税。 （   ）

5. 会计机构、会计人员发现会计账簿记录与实物、款项及有关资料不相符的,应当立即向单位负责人报告,请求查明原因,作出处理。 （   ）

6. 根据《人民币银行结算账户管理办法》的规定,凡是具有民事权利和民事行为能力,并依法独立享有民事权利和承担民事义务的法人和其他组织,均可以开立基本存款账户。 （   ）

7. 承兑附条件的,所附的条件无效。 （   ）

8. 税收程序法是税法的核心部分,没有税收程序法,税法体系就不能成立。 （   ）

9. 中文大写金额数字前应标明"人民币"字样,大写金额数字可紧接"人民币"字样填写,也可留有空白。 （   ）

10. 作为税款抵扣凭证的增值税专用发票的填写项目一定要齐全。 （   ）

11. 信用证既能用于转账结算,也可以支取现金。 （   ）

12. 税务机关可以采取书面通知纳税人开户银行或其他金融机构冻结纳税人的金额略高于应纳税款的存款作为税收保全措施。 （   ）

13. 《会计法》规定,会计核算必须以实际发生的经济业务事项为依据,但并非所有实际发生的经济业务事项都需要进行会计记录和会计核算。 （   ）

14. 注册验资的临时存款账户在验资期间只付不收。 （   ）

15. 将委托加工收回的应税消费品连续生产应税消费品的,不得扣除委托加工收回应税消费品已缴纳的消费税。 （   ）

16. 饲料、化肥、农药、农机(包括农机零部件)、农膜均属于增值税 9% 低税率的适用范围。 （   ）

17. 个人出租房屋使用权取得的所得是财产租赁所得。 （   ）

18. 除法律规定和单位负责人同意的会计信息外,会计人员不能私自向外界提供或泄露单位的会计信息。 （   ）

19. 现金与转账结算具有相同的支付能力,特殊情况下可以只收现金而拒收汇票、本票、支票和其他转账结算凭证。 （   ）

20. 组织开展中高级会计人员培养、会计培训和会计咨询与服务是中国会计学会的职责之一。 （   ）

得分	评卷人

四、案例分析题(每个选项 2 分,共 2 道大题,20 分。答错、不答均不得分。)

（一）2019 年 3 月 10 日,甲公司向银行申领了信用卡,其中一部分作为对管理人员的福利,另一部分公司自用。

1. 下列情况中,可以办理销户的是（   ）。

A. 2019 年 4 月 12 日,甲公司要求注销自用的信用卡

B. 2019 年 3 月 11 日,一名员工的信用卡丢失并于当日挂失,4 月 12 日要求注销丢

失的信用卡

C. 至 2020 年 6 月 7 日,甲公司自用的信用卡未发生过任何交易

D. 至 2021 年 8 月 30 日,甲公司自用的信用卡未发生过任何交易

2. 关于信用卡资金来源的表述中,正确的是(   )。

A. 甲公司可以将存款人基本存款账户中的资金转账存入持有的信用卡

B. 甲公司持有的信用卡可以缴存现金

C. 甲公司可以将其销货收入的款项存入持有的信用卡

D. 甲公司管理人员可以将个人的收入及公司的暂时款项存入其持有的信用卡

3. 甲公司的下列做法中,错误的有(   )。

A. 2021 年 3 月 16 日,甲公司持卡购买一台价值 12 万元的设备

B. 2021 年 3 月 21 日,甲公司将其信用卡转借给其子公司

C. 2021 年 3 月 30 日,甲公司从信用卡上支取现金 5 000 元

D. 2021 年 4 月 1 日,甲公司结算信用卡 3 月份共透支的 15 万元(该公司无综合授信额度)

4. 关于信用卡的表述中,正确的有(   )。

A. 个人卡的同一持卡人单笔透支发生额不得超过 2 万元

B. 贷记卡的首月最低还款额不得低于其当月透支余额的 3%

C. 信用卡透支利率为日利率 5‰

D. 准贷记卡的透支期限最长为 60 天

5. 发卡银行给予持卡人一定的信用额度,持卡人可以在信用额度内先消费、后还款的信用卡是(   )。

A. 普通卡   B. 附属卡   C. 贷记卡   D. 准贷记卡

(二)某区财政部门为加强会计职业道德建设,组织本系统会计人员进行会计职业道德教育。为了使教育工作更具针对性,财政部门就会计职业道德规范的内容等分别与会计人员李丽、赵红、陈强等人座谈。现摘录三人的观点如下:

(1)李丽认为,会计职业道德与会计法律制度两者在作用上相互转变、相互吸收。

(2)赵红认为,会计职业道德与会计法律制度两者的作用范围均为调整会计人员的外在行为,没有区别。

(3)陈强认为,会计职业道德规范的全部内容归纳起来就是一要廉洁自律,二要强化服务,三要诚实守信。

根据上述资料,回答下列问题。

1. 财政部门加强会计职业道德建设的组织推动的形式有(   )。

A. 会计职业道德建设与会计专业技术资格考评相结合

B. 会计职业道德建设与会计专业技术资格聘用相结合

C. 会计职业道德建设与会计执法检查相结合

D. 会计职业道德建设与会计人员表彰奖励制度相结合

2. 会计职业道德教育的核心内容是(　　　)。

　　A. 会计职业道德观念教育　　　　　　B. 会计职业道德警示教育

　　C. 会计职业道德规范教育　　　　　　D. 会计职业道德自我教育

3. 李丽的观点有误,会计职业道德与会计法律制度两者在作用上(　　　)。

　　A. 相互作用、相互促进　　　　　　　B. 相互转变、相互吸收

　　C. 相互渗透、相互重叠　　　　　　　D. 相互补充、相互依托

4. 赵红的观点有误,下列表述中,正确的有(　　　)。

　　A. 会计法律制度侧重于调整会计人员的外在行为和结果的合法化

　　B. 会计法律制度既不调整会计人员的外在行为,也不调整会计人员内在的精神世界

　　C. 会计职业道德不仅要调整会计人员的外在行为,还要调整会计人员内在的精神世界

　　D. 会计职业道德侧重于调整会计人员的内在精神世界和结果的合法化

5. 陈强对会计职业道德规范的认识不全面。会计职业道德规范的主要内容除廉洁自律、强化服务、诚实守信外,还包括(　　　)。

　　A. 爱岗敬业、坚持准则、提高技能、参与管理

　　B. 爱岗敬业、客观公正、坚持准则、提高技能、参与管理

　　C. 爱岗敬业、提高技能、客观公正、参与管理

　　D. 客观公正、坚持准则、参与管理、爱岗敬业

期末模拟考卷五

一、单项选择题(下列各题只有一个正确答案,每题 1 分,共 40 题。不选、错选均不得分。)

1. 下列各项中,不属于视同销售货物行为的是( )。
   A. 将外购货物分配给股东　　　　　B. 将外购货物用于个人消费
   C. 将自产货物无偿赠送他人　　　　D. 销售代销货物

2. 根据税收征收管理制度的规定,经县级以上税务局(分局)局长批准,税务机关可以依法对纳税人采取税收保全措施。下列各项中,不属于税收保全措施的是( )。
   A. 责令纳税人暂时停业,直至缴足税款
   B. 扣押纳税人的价值相当于应纳税款的财产
   C. 查封纳税人的价值相当于应纳税款的货物
   D. 书面通知纳税人开户银行冻结纳税人的金额相当于应纳税款的存款

3. 对国家税务总局作出的决定不服的,可以向( )申请行政复议。
   A. 国务院　　　　　　　　　　　　B. 国家税务总局
   C. 北京市高级人民法院　　　　　　D. 最高人民法院

4. 从价定率计征消费税时,销售额中不包括( )。
   A. 价款　　　　B. 价外费用　　　　C. 消费税额　　　　D. 增值税额

5. 下列说法中,正确的是( )。
   A. 稽核是内部审计的组成部分
   B. 稽核制度是单位内部会计监督制度的组成部分
   C. 稽核人员可以由内部审计人员兼任
   D. 稽核是对同一业务、资料由经办人员进行稽查和复核

6. 发卡行对某贷记卡持卡人透支的 100 000 元,在首月只归还了 5 000 元,收取的滞纳金为( )元。
   A. 1 000　　　　B. 2 000　　　　C. 250　　　　D. 500

7. 下列专用存款账户可以按规定提现的是( )。
   A. 单位银行卡账户资金　　　　　　B. 财政预算外资金
   C. 政策性房地产开发资金　　　　　D. 信托投资基金

8. 下列违反《会计法》的行为中,只能给予当事人行政处分的是( )。
   A. 财政部门及有关行政部门的工作人员在实施监管中玩忽职守

B. 财政部门及有关行政部门的工作人员在实施监管中泄露国家秘密

C. 财政部门及有关行政部门的工作人员在实施监管中泄露商业秘密

D. 财政部门及有关行政部门的工作人员将检举人姓名和检举材料转给被检举人个人

9. 赵某 4 岁的儿子上幼儿园，10 岁的女儿上小学，2019 年 7 月份住院负担 10 000 元的医药费用，偿还首套房贷利息每月 1 200 元，专项附加扣除约定由赵某一人扣除。根据个人所得税法律制度的规定，下列关于赵某的说法正确的是（ ）。

A. 子女教育专项附加扣除每年可扣除 12 000 元

B. 子女教育专项附加扣除每年可扣除 24 000 元

C. 大病医疗专项附加扣除每年可扣除 10 000 元

D. 住房贷款利息专项附加扣除每年可扣除 14 400 元

10. 赵某受单位领导委派赴上海出差，途中将南京至上海的火车票遗失，无法报账。下列处理方法中，正确的是（ ）。

A. 售票单位开具证明，加盖公章，赵某单位会计科科长和单位领导批准后，代作原始凭证

B. 赵某写出书面报告，说明情况，经本单位会计机构负责人和单位负责人批准后，代作原始凭证

C. 售票单位开具证明，并经售票单位会计机构负责人和单位负责人批准后，代作原始凭证

D. 赵某写出书面报告，加盖售票单位公章，经本单位会计机构负责人和单位负责人批准后，代作原始凭证

11. 下列情形中，不能办理退汇的是（ ）。

A. 汇款尚未汇出汇出行　　　　　　B. 汇款已汇出汇出行

C. 收款人拒绝接受的汇款　　　　　D. 经过 2 个月无法交付的汇款

12. 同一持卡人的单位卡，同一账户月透支余额不得超过（ ）。

A. 20 000 元　　　　　　　　　　　B. 50 000 元

C. 综合授信额度的 3%　　　　　　D. 10 000 元

13. 下列关于银行结算账户的说法中，正确的是（ ）。

A. 银行结算账户既包括人民币存款结算业务，也包括外币存款结算业务

B. 银行结算账户属于单位定期存款账户

C. 银行结算账户不同于储蓄账户

D. 银行结算账户限于单位存款人结算开立

14. 关于会计凭证，下列说法中，错误的是（ ）。

A. 原始凭证和记账凭证都是会计凭证　B. 原始凭证记录的是经济信息

C. 记账凭证记录的是会计信息　　　　D. 原始凭证可直接作为记账依据

15. 作为记录会计核算过程和结果的载体，反映单位财务状况、经营成果、现金流量，评

价经营业绩,进行投资决策的主要依据是( )。

    A. 会计资料   B. 会计管理制度   C. 财务制度   D. 会计监督

16. 税务代理人为纳税人、扣缴义务人代理税务事宜,既不能损害纳税人、扣缴义务人的合法权益,也不能损害国家的利益,这体现了税务代理的( )。

    A. 有偿性   B. 独立性   C. 自愿性   D. 公正性

17. 根据《支付结算办法》的规定,银行承兑汇票的承兑银行,应当按照( )向出票人收取手续费。

    A. 票面金额的 0.1‰   B. 票面金额的 0.3‰

    C. 票面金额的 0.5‰   D. 票面金额的 1‰

18. 税收实体法主要是指确定税种立法,具体规定各税种的征收对象、征收范围、税目、税率、纳税地点等,下列各项中,属于税收实体法的是( )。

    A.《税收征收管理法》   B.《海关法》

    C.《个人所得税法》   D.《进出口关税条例》

19. 下列各项中,( )属于按照税收的征收权限和收入支配权限对税收进行的分类。

    A. 中央税类   B. 流转税类   C. 财产税类   D. 行为税类

20. 下列关于税法构成要素的说法中,正确的是( )。

    A. 税目是区分不同税种的主要标志

    B. 税率是衡量税负轻重的重要标志

    C. 纳税人就是履行纳税义务的法人

    D. 征税对象是税收法律关系中征纳双方权利义务所指的物品

21. 税务机关采取税收保全措施时,个人及其所扶养家属维持生活必需的住房和用品不在税收保全措施的范围之内。因此,下列各项中,不属于保全范围的是( )。

    A. 豪华住宅   B. 金银饰品

    C. 配偶的退休工资   D. 家中唯一的小汽车

22. 税务机关为增值税纳税人代开的专用发票应统一使用( )联专用发票。

    A. 三   B. 四   C. 五   D. 六

23. 我国某企业 2018 年度实现收入总额 460 万元,与之相应的扣除项目金额共计 438 万元,经税务机关核定 2018 年度的亏损额为 20 万元。该企业 2018 年度应缴纳的企业所得税为( )元。

    A. 5 000   B. 6 600   C. 12 500   D. 16 500

24. 单位在支付个人工资时,按税法规定,对超过法定扣除额的工资部分,应( )个人所得税。

    A. 代收代缴   B. 代扣代缴   C. 委托代征   D. 定额征收

25. 根据《预算法》的规定,下列各项中,( )负责审查各级总预算草案及总预算执行情况的报告。

    A. 本级人民代表大会   B. 本级人民代表大会常务委员会

C. 本级政府审计部门　　　　　　　　　D. 本级政府财政部门

26. 根据《税收征收管理法》的规定,因纳税人、扣缴义务人计算错误等失误,未缴或者少缴税款的,税务机关在(　　)年内可以追征税款、滞纳金;有特殊情况的,追征期可以延长到(　　)年。

　　A. 3；5　　　　　　B. 3；6　　　　　　C. 2；5　　　　　　D. 2；6

27. 下列关于消费税纳税地点的表述中,正确的是(　　)。

　　A. 一般纳税人销售的应税消费品,纳税地点为纳税人核算地主管税务机关

　　B. 委托个人加工的应税消费品,由受托方向其机构所在地或居住地主管税务机关申报纳税

　　C. 进口的应税消费品,由进口人向报关地海关申报纳税

　　D. 委托个人加工的应税消费品,由委托方向其机构所在地或居住地主管税务机关申报纳税

28. 下列各项中,属于不征税收入的是(　　)。

　　A. 国债利息收入

　　B. 符合条件的非营利性组织的收入

　　C. 依法收取并纳入财政管理的行政事业性收费、政府性基金

　　D. 因债权人缘故确实无法支付款项

29. 下列票证中,由国家税务总局统一印制的是(　　)。

　　A. 服务业发票　　　　　　　　　　　B. 运输业发票

　　C. 契税完税证　　　　　　　　　　　D. 增值税专用发票

30. 根据《票据法》的规定,下列各项中,不属于禁止背书转让汇票情形的是(　　)。

　　A. 汇票未记载付款地的　　　　　　　B. 汇票超过付款提示期限的

　　C. 汇票被拒绝承兑的　　　　　　　　D. 汇票被拒绝付款的

31. 下列各项中,(　　)不属于对会计违法行为的行政处分。

　　A. 警告　　　　　　B. 记过　　　　　　C. 责令限期改正　　　　D. 开除

32. (　　)是可以受理开户单位增加或减少库存现金限额申请的法定机构。

　　A. 中国人民银行总行　　　　　　　　B. 中国人民银行各级分行

　　C. 银监会　　　　　　　　　　　　　D. 开户银行

33. 下列有关现金使用要求的说法中,错误的是(　　)。

　　A. 开户单位支付现金,不得从本单位的现金收入中直接支付

　　B. 从开户单位提取现金,应当写明提取现金的用途,由本单位财会部门负责人签字盖章,并经开户银行审核后,予以支付现金

　　C. 开户单位现金收入应当于当日送存开户银行

　　D. 因采购地点不确定、交通不便、生产或市场急需、抢险救灾,以及其他特殊情况必须使用现金的,开户单位应当向开户银行提出申请,由本单位负责人签字盖章,并经开户银行审核后,予以支付现金

34. 托收承付是指根据（　　）由收款人发货后委托银行向异地付款人收取款项,由付款人向银行承认付款的一种结算方式。
    A. 购销合同　　　　　　　　　　B. 加工承揽合同
    C. 代销合同　　　　　　　　　　D. 国际货物买卖合同

35. "信以立志,信以守身,信以处世,信以待人,毋忘立信,当必有成。"这句话体现的会计职业道德的内容是(　　)。
    A. 坚持准则　　B. 客观公正　　　C. 诚实守信　　　D. 廉洁自律

36. 下列项目中,不影响背书本身效力的是(　　)。
    A. 未记载背书人的签章的背书
    B. 附有条件的背书
    C. 转让汇票金额的一部分的背书
    D. 汇票金额分别转让给两人以上的背书

37. 下列关于县级以上地方各级人民代表大会常务委员会的预算管理职权的表述中,正确的是(　　)。
    A. 审查本级预算及本级预算执行情况的报告
    B. 批准本级预算和本级预算执行情况的报告
    C. 改变或撤销本级人民代表大会常务委员会关于预算、决算的不适当的决议
    D. 审查和批准本级预算的调整方案

38. 《政府采购信息公告管理办法》是由(　　)制定的。
    A. 全国人民代表大会　　　　　　B. 全国人民代表大会常务委员会
    C. 国务院　　　　　　　　　　　D. 国务院财政部门

39. 根据《注册会计师法》的规定,(　　)负责对全国会计师事务所执业质量实施监督检查,并对违反《注册会计师法》的行为实施行政处罚。
    A. 财政部　　　　　　　　　　　B. 中国注册会计师协会
    C. 证券监督委员会　　　　　　　D. 审计署

40. 根据《人民币银行结算账户管理办法》的规定,下列情形中,存款人申请开立基本存款账户,应向银行出具的证明文件不符合规定的是(　　)。
    A. 外资企业驻华办事处,应出具国家主管部门的批文或证明
    B. 非预算管理的事业单位,应出具政府人事部门或编制委员会的批文或登记证书
    C. 民办非企业组织,应出具民办非企业登记证书
    D. 企业法人,应出具企业法人的营业执照正本

得分	评卷人

二、多项选择题(下列各题有两个或两个以上正确答案,每题 **2** 分,共 **10** 题。不选、少选、多选或错选均不得分。)

1. 下列各项中,属于国家预算作用的有(　　)。
   A. 财力保证作用　　　　　　　　B. 调节制约作用

C. 反映监督作用　　　　　　　　　　D. 平衡收支作用

2. 下列符合会计职业道德"提高技能"要求的有(　　)。

A. 出纳人员向银行工作人员请教辨别假钞的技术

B. 会计主管与单位其他会计人员交流隐瞒业务收入的做法

C. 会计人员积极参加会计职称培训

D. 总会计师通过自学提高会计职业判断能力,精通经济政策

3. 下列有关《会计法》的说法中,正确的有(　　)。

A. 调整我国经济生活中会计关系的法律总规范

B. 会计法律制度中层次最高的法律规范

C. 制定其他会计法规的依据

D. 指导会计工作的最高准则

4. 下列各项中,属于《会计法》规定的"单位负责人"的有(　　)。

A. 有限责任公司的董事长

B. 国有企业的厂长

C. 个人独资企业的投资人

D. 代表合伙企业执行合伙事务的合伙人

5. 根据《个人所得税法》的规定,下列所得情形中,纳税人应当按照规定到主管税务机关办理纳税申报的有(　　)。

A. 非居民个人在中国境内两处或两处以上取得工资、薪酬所得的

B. 从中国境外取得所得的

C. 取得应纳税所得,没有扣缴义务人的

D. 取得综合所得需要办理汇算清缴的

6. 下列企业中,不可以在银行办理托收承付结算方式的有(　　)。

A. 个体工商户　　B. 有限合伙企业　　　C. 有限责任公司　　　D. 外商独资企业

7. 根据《税收征收管理法实施细则》的规定,下列有关税务登记证件使用的表述中,正确的有(　　)。

A. 纳税人办理开立银行账户时,必须提供税务登记证件

B. 纳税人购领发票时,必须提供税务登记证件

C. 税务登记证件不得损毁

D. 税务登记证件可以转借给他人

8. 会计职业道德"提高技能"的主要内容包括(　　)。

A. 会计理论水平　　　　　　　　　　B. 会计实务能力

C. 沟通交流能力　　　　　　　　　　D. 职业判断能力

9. 公司、企业进行会计核算,不符合规定的做法有(　　)。

A. 根据实际发生的经济业务事项确认、计量和记录资产、负债、所有者权益

B. 随意改变资产、负债、所有者权益的确认标准或计量方法

C. 虚列或隐瞒收入,推迟或提前确认收入

D. 随意调整利润的计算、分配方法

10. 下列关于税款征收方式的说法中,正确的有( )。

    A. 查账征收适用于遵守税收法律法规,账簿、凭证、财务会计制度比较健全,能够如实反映生产经营成果,正确计算应纳税款的纳税人

    B. 由税务机关对纳税申报人的应税产品进行查验后征税,并贴上完税凭证、查验证或盖查验戳的征收方式为查验征收

    C. 县级税务机关批准可以不设置账簿或暂缓建账的小型纳税人适用定期定额征收方式

    D. 负有扣缴税款义务的法定义务人,在向纳税人支付款项时,从所支付的款项中直接扣收税款的方式称为代收代缴

得分	评卷人

三、判断题(每题 1 分,共 20 题,正确的打"√",错误的打"×"。不答不得分。)

1. 我国会计法律制度中层次最高的法律法规是《会计法》和《注册会计师法》。( )

2. 是否设置会计机构,可以由各单位根据自身的情况来决定,但这并不等于会计工作可以不展开。会计工作必须依法开展,不能因为没有会计机构而对会计工作放任不管,这是法律所不允许的。( )

3. 在我国,企业可根据自身情况划分会计年度,但一经采用后不得随意变动。( )

4. 税务代理是指税务代理人代为办理税务事宜,是纳税人、扣缴义务人自愿采取的一种办税方式,无论是税务代理人还是任何国家机关都不能强制纳税人、扣缴义务人进行税务代理。( )

5. 国务院制定的税收行政法规有《企业所得税法实施条例》《税收征收管理法实施细则》。( )

6. 固定业户到外县市销售货物或应税劳务,未向销售地或劳务发生地的主管税务机关申报纳税的,由其机构所在地的主管税务机关补征税款。( )

7. 我国国家预算级次是根据国家政权结构、行政区域划分和财政管理体制而确定的。我国的国家预算实行"中央统筹制定、地方具体执行"原则。( )

8. 原始凭证一般都是由会计人员取得和填制的。( )

9. 票据的出票日期必须使用中文大写,大写日期未按要求规范书写的,银行不予受理。( )

10. 开立基本存款账户的存款人都可以开立一般存款账户,且没有数量限制,但在基本存款账户的开户银行只能开立一个一般存款账户。( )

11. 纳税人用取得的增值税专用发票进行进项税额抵扣时,必须自该专用发票开具之日起 90 日内到税务机关认证。( )

12. 纳税人在办理完停业登记手续后,应当自行封存保管其税务登记证件及副本、发票

领购簿、未使用完的发票和其他税务证件,防止丢失。 （　　）

13. 中、高级会计师实行考试与评审相结合的制度。 （　　）

14. 企业所得税实行按年计征,分月或分季预缴,年度终了后2个月内汇算清缴,多退少补的办法。 （　　）

15.《会计法》所指的"法律责任"就是刑事责任。 （　　）

16. 企业发生的公益性捐赠支出,在年度利润总额15%以内的部分,准予在计算应纳税所得额时扣除。 （　　）

17. 单位可使用汇兑结算方式,个人不能使用汇兑结算方式。 （　　）

18. 财政收入的收缴方式包括直接缴库和间接缴库。 （　　）

19. 个体工商户在税法规定的享有免税优惠的期限内,可以不必办理税务登记证。 （　　）

20. 用于支取现金的支票可以背书转让。 （　　）

得分	评卷人

四、案例分析题(每个选项2分,共2道大题,20分。答错、不答均不得分。)

（一）2021年1月18日,荣昌商贸有限责任公司(以下简称荣昌公司)从龙腾公司购进一批货物,同时向龙腾公司开具一张发票,用于货款结算。荣昌公司开具发票时,将付款人填写为"荣晶商贸有限责任公司",出票日期填写为"贰零贰壹年壹月拾捌日",收款人未填写。后经财务部小胡核对,发现付款人名称填写有误,小胡遂将"晶"字改为"昌"字后直接交予龙腾公司。

1. 支票的下列记载事项中,可以授权补记的是（　　）。
   A. 付款人名称　　B. 付款地　　　　C. 出票人签章　　D. 收款人名称

2. 在填写票据的出票日期时,应在其前加"零"的有（　　）。
   A. 月为壹、贰　　　　　　　　　B. 月为壹拾
   C. 日为壹至玖　　　　　　　　　D. 日为壹拾、贰拾和叁拾

3. 关于荣昌公司将出票日期填写为"贰零贰壹年壹月拾捌日"的做法,下列表述中,正确的有（　　）。
   A. 票据的出票日期必须使用中文大写
   B. 该出票日期的填写符合规定
   C. 该出票日期的填写不符合规定,应当是"贰零贰壹年零壹月壹拾捌日"
   D. 票据出票日期使用小写填写的,银行不予受理

4. 票据（　　）不得更改,更改的票据无效。
   A. 金额　　　　　B. 出票日期　　　C. 收款人名称　　D. 付款人名称

5. 关于小胡将"晶"字改为"昌"字后直接交予龙腾公司的做法,下列表述中,正确的有（　　）。
   A. 这一行为不符合规定,应当重新开具票据

B. 这一行为不符合规定,付款人名称不得更改

C. 这一行为不符合规定,付款人名称可以更改,更改时应当由原记载人在更改处签章

D. 这一行为符合规定

(二) A、B、C 三方协议共同出资设立振华有限责任公司。3月份,A 按规定手续在当地中国工商银行开立了临时存款账户,A、B、C 分别存入 40 万元、30 万元、10 万元。在验资期间,鉴于设立公司需要活动经费,A 在临时存款账户上取出 5 万元现金。5 月 20 日,振华有限责任公司成立,按规定在中国工商银行开立了基本存款账户(临时存款账户转为基本存款账户),存入 70 万元,并要求银行于开户当日以转账方式支付给光宏公司 30 万元用于购置一台设备。6 月中旬,振华有限责任公司在中国农业银行、中国建设银行又开立了两个一般存款账户,并决定今后公司职工工资、奖金统一从中国农业银行的一般存款账户中支取。

1. 下列情形中,可以开立临时存款账户的情形有(   )。

   A. 设立临时机构   B. 异地临时经营活动

   C. 注册验资   D. 基本建设资金的管理与使用

2. 关于 A 在临时存款账户上取出 5 万元现金的做法,下列表述中,正确的有(   )。

   A. A 不能在临时存款账户上取出 5 万元现金

   B. A 可以在临时存款账户上取出 5 万元现金

   C. 注册验资的临时存款账户在验资期间只收不付

   D. 注册验资的临时存款账户在验资期间只付不收

3. 企业银行结算账户,自(   )可办理收付款业务。

   A. 1 个工作日   B. 2 个工作日   C. 开立之日   D. 5 个工作日

4. 存款人可以开立(   )个一般存款账户。

   A. 1   B. 3   C. 10   D. 无数

5. 关于振华有限责任公司作出的公司职工工资、奖金统一从中国农业银行的一般存款账户中支取的决定,下列表述中,正确的有(   )。

   A. 这一行为符合规定

   B. 这一行为不符合规定

   C. 支取工资、奖金和现金只能通过基本存款账户办理,一般存款账户不得支取现金

   D. 支取工资、奖金和现金可以通过一般存款账户办理